성공하는 습관을 만들어 주는
하루 15분 영어 필사

일러두기
- 이 책에 수록된 문장은 명사의 연설, 강연, 인터뷰 등의 발언을 토대로 의미를 해치지 않는 범위에서 번역·정리·가공하였습니다.
- 모든 문장은 저작권 규정을 준수하여 수록했으며, 필요한 경우 정당한 절차에 따라 추가 조치를 진행할 예정입니다.

― 백선엽 지음 ―

성공하는 습관을 만들어 주는
하루 15분 영어 필사

> Perfection takes time. If you show up every day,
> you will grow. Real success comes from consistent effort.
> You don't need to be perfect, Just keep going.

하루 15분,
성공을 손으로 쓰는 이유

당신은 지금 어떤 문장으로 살아가고 있습니까?

매일 수많은 선택의 기로에서 우리는 무엇을 기준으로 결정을 내릴까요? 저는 세계적인 리더의 성취를 연구하며 놀라운 발견을 했습니다. 제프 베이조스, 일론 머스크, 오프라 윈프리……. 이들에게는 공통점이 있습니다. 바로 자신만의 명확한 언어 철학을 가지고 있다는 것입니다. 짧지만 선명한 문장, 간결하지만 강력한 표현, 단순하지만 깊이를 담은 말까지 그 문장은 단순한 격언이 아니었습니다. 인생의 나침반이었고, 세상을 바꾼 결정의 기준이었으며, 혁신의 원동력이었습니다.

왜 하필 영어 필사일까요?

"디지털 시대에 펜을 들다니, 시대착오적 아닌가요?"

처음엔 저도 그렇게 생각했습니다. 타자로 치면 더 빠르고 효율적인데 왜 굳이 손으로 써야 할까요? 하지만 과학은 명확한 답을 제시합니다. 2014년 프린스턴 대학교의 연구에 따르면 손으로 쓴 글은 타자로 친 내용보다 3배 더 오래, 더 깊이 기억됩니다.

손으로 쓰는 행위는 뇌가 정보를 새구성하는 과정입니다. 한 글자, 한 글자 써 내려가는 동안 우리의 뇌는 그 문장을 분해하고, 이해하고, 다시 조립합니다.

중요한 것은 누구의 문장을 쓰느냐입니다

그렇다고 아무 문장이나 써도 된다는 뜻은 아닙니다. 성공한 리더의 문장을 반복해서 따라 쓰는 필사는 그들의 언어 패턴, 사고구조, 심지어 세상을 바라보는 관점까지 학습하는 과정입니다. 특히 영어 문장을 필사하면 그 의미와 뉘앙스에 다가갈 수 있습니다.

스티브 잡스가 "Stay hungry, stay foolish(항상 갈구하고, 우직하게 나아가라)."라고 말할 때, 그 말은 단순한 조언이 아닙니다. 실리콘밸리의 혁신 문화, 기존 질서에 대한 도전, 끊임없는 호기심이라는 잡스의 철학이 응축된 말입니다. 그 문장을 천천히 따라 쓰는 순간 우리는 잡스의 사고방식을 손끝으로 체험합니다. 워런 버핏의 문장을 필사하면 위험 관리, 장기적 관점, 보수적 접근이라는 그의 60년 투자 철학을 내재화할 수 있습니다.

이렇게 필사는 단순한 암기나 모방을 넘어선 체화의 과정입니다. 마치 음악가가 대가의 악보를 반복해서 연주하며 그 정신을 흡수하듯, 영어 필사를 통해 성공의 언어를 몸에 새기세요.

하루 15분, 방법은 간단하지만 강력합니다

행동과학자들은 새로운 습관을 만들 때는 목표에 맞고 지속 가능한 작은 행동이 중요하다고 말합니다. 영어로 매일 필사를 한다면 1시간은 부담스럽고, 5분은 너무 짧습니다. 15분은 커피 한 잔 마시는 시간, 지하철 두세 정거장을 가는 시간입니다. 누구나 마련할 수 있는 시간이지만 변화를 일으키기에 충분합니다. 2일이면 습관이 형성되고, 66일이면 자동화되며, 100일이면 삶의 일부가 됩니다.

영어 필사는 나만의 고유한 철학을 세워 가는 과정입니다

이 책에 담긴 문장은 뛰어난 기업가, 리더, 혁신가 100인의 성공 철학입니다. 그들의 경험이 응축된 지혜의 결정체라 할 수 있습니다.

효과적인 영어 필사를 위해 이 책은 총 5장으로 이루어져 있습니다. 먼저 1장 〈생각을 리셋하라〉에서는 낡은 사고의 틀을 바꾸는 문장을 만납니다. 2장 〈지금 당장 시작하라〉에서는 통해 습관의 힘을 느끼고 실행력을 기릅니다. 3장 〈실패를 활용하라〉에서는 회복 탄력성을 키우는 문장을 익힙니다. 4장 〈관계를 설계하라〉에서는 소통과 협업을 배웁니다. 마지막으로 5장 〈나만의 방식으로 성공하라〉에서 자신만의 리더십을 완성합니다.

영어 필사의 궁극적인 목표는 100인의 언어를 거쳐 당신만의 고유한 언어를 찾는 것입니다. 마치 100인의 스승을 만나 한 가지씩 배운 후, 그 모든 가르침을 융합해 자신만의 무공을 완성하는 무림

고수처럼 말입니다.

   100일간의 영어 필사 여정을 마친 후, 당신은 그때 자신 있게 이렇게 말할 수 있을 것입니다

> "이제 나에게도 나만의 언어가 있다.
> 이제 나에게도 나만의 확실한 기준이 있다."

   지금 이 글을 읽고 계신다면, 이미 성공을 향해 나아가길 선택한 것입니다. 이제 그 선택을 구체적인 행동으로 바꿀 시간입니다. 100일의 특별한 여정을 함께 시작해 볼까요? 펜을 들고, 첫 문장을 정성스럽게 써 보기 바랍니다. 진정한 성장은 바로 그 순간부터 시작됩니다.

하루 15분, 성공이 찾아오는 필사의 시간

• 1단계 •
준비 (2분)

조용한 공간을 찾아 펜과 노트를 준비합니다.
스마트폰은 잠시 멀리 두세요.
이 시간만큼은 오직 당신과 문장만 존재합니다.

• 2단계 •
필사 (8분)

오늘의 문장을 천천히 정성스럽게 따라 씁니다.
서두르지 마세요.
한 글자 한 글자에 집중하며 그 의미를 음미합니다.
틀려도 괜찮습니다. 다시 쓰면 됩니다.
반듯한 글씨체가 아니어도 괜찮습니다. 쓰는 과정에 집중하세요.

• 3단계 •
성찰 (5분)

문장을 다 쓴 후, 잠시 눈을 감고 생각해 보세요.
이 문장이 내 삶의 어떤 부분과 연결되는지,
오늘 나에게 어떤 의미가 있는지 짧게 메모를 남기세요.
오늘 이 문장이 나에게 말하는 것은 무엇인가요?

Contents

프롤로그 하루 15분 성공을 손으로 쓰는 이유   5

Part 1

생각을 리셋하라
작은 변화로 큰 차이를 만드는 생각의 혁명

DAY·1	크게 꿈꾸고 지금 당장 시작하라 —제프 베이조스	18
DAY·2	오늘이라는 선물을 낭비하지 마라 —오프라 윈프리	20
DAY·3	스스로의 잠재력을 믿어라 —랠프 월도 에머슨	22
DAY·4	불확실함을 껴안는 자가 미래를 얻는다 —일론 머스크	24
DAY·5	성공은 내 안에서 시작된다 —낸시 펠로시	26
DAY·6	과감한 결단이 변화를 이끈다 —마거릿 대처	28
DAY·7	열정은 행동할 때만 빛난다 —하워드 슐츠	30
DAY·8	당신의 WHY를 찾아야 앞으로 나간다 —토니 로빈스	32
DAY·9	평범함에 안주하면 평범하게 죽는다 —셰릴 샌드버그	34
DAY·10	변명하는 순간 패배가 시작된다 —피터 드러커	36
DAY·11	과정을 믿는 자가 결과를 얻는다 —필 나이트	38
DAY·12	포기를 모르는 끈기가 기적을 만든다 —앤절라 더크워스	40
DAY·13	남과 비교하면 나를 잃는다 —찰리 멍거	42

DAY·14	속도가 곧 경쟁력이다 —드류 휴스턴	44	
DAY·15	틀을 깨는 자가 세상을 바꾼다 —이사벨 아옌데	46	
DAY·16	편안함은 성장의 적이다 —리드 헤이스팅스	48	
DAY·17	도전하지 않으면 기회도 오지 않는다 —리차드 브랜슨	50	
DAY·18	겸손하되 담대하게 나아가라 —팀 쿡	52	
DAY·19	꿈은 두려워야 한다 —래리 페이지	54	
DAY·20	위기를 기회로 바꾸는 자가 강자다 —앤드루 그로브	56	
◆◆◆	내일을 설계하는 질문	58	

Part 2

지금 당장 시작하라
행동이 기회를 만든다

DAY·21	빠르게 시도하고 더 빠르게 배워라 —에릭 리스	62
DAY·22	실행이 모든 차이를 만든다 —마이클 조던	64
DAY·23	완벽함보다 성장을 택하라 —마크 저커버그	66
DAY·24	어제의 나를 넘는 것이 진짜 승리다 —제임스 클리어	68
DAY·25	피드백을 통해 우리는 성장한다 —마셜 골드스미스	70
DAY·26	나를 먼저 챙겨라 —브라이언 트레이시	72
DAY·27	타이밍을 읽는 자가 승리한다 —케빈 시스트롬	74
DAY·28	지금 이 순간이 시작이다 —벤저민 프랭클린	76
DAY·29	현명한 위험은 기꺼이 감수하라 —워런 버핏	78
DAY·30	루틴이 당신의 운명을 결정한다 —할 엘로드	80
DAY·31	실행 불가능한 목표는 쓰레기다 —조시 카우프만	82
DAY·32	실험을 멈추면 성장도 멈춘다 —데니스 크롤리	84
DAY·33	시간은 당신의 가장 소중한 자산이다 —찰스 슈와브	86
DAY·34	당신만의 리듬을 찾아라 —닐 파텔	88

DAY · 35	제대로 쉬는 것도 실력이다 —빌 게이츠	90
DAY · 36	집중이 성과를 만든다 —칼 뉴포트	92
DAY · 37	꾸준함이 완벽을 이긴다 —브라이언 체스키	94
DAY · 38	예스를 외쳐라 —에릭 슈미트	96
DAY · 39	성장하는 것이 진정한 목적이다 —세리나 윌리엄스	98
DAY · 40	생각은 그만, 실행이 답이다 —블레이크 마이코스키	100
❖❖❖	작은 습관을 만드는 질문	102

Part 3

실패를 활용하라
흔들림 속에 기회가 있다

DAY · 41	실패는 성공을 위한 데이터일 뿐이다 —토머스 에디슨	106
DAY · 42	두 번째 도전이 진짜 시작이다 —월트 디즈니	108
DAY · 43	한 발 물러서면 두 발 나아갈 수 있다 —아리아나 허핑턴	110
DAY · 44	불안은 거짓말쟁이다 —데일 카네기	112
DAY · 45	내려놓는 순간 더 강해진다 —메리 배라	114
DAY · 46	위기가 곧 기회다 —윈스턴 처칠	116
DAY · 47	완벽함은 환상일 뿐이다 —데비 밀먼	118
DAY · 48	막혔다면 방향을 바꿔라 —에드 캣멀	120
DAY · 49	고통 없이는 성장도 없다 —에이미 에드먼슨	122
DAY · 50	실패를 통해 성장한다 —J.K 롤링	124
DAY · 51	감정도 읽어야 할 신호다 —수잔 케인	126
DAY · 52	내 사전에 포기란 없다 —나발 라비칸트	128
DAY · 53	피드백은 성장의 황금열쇠다 —에스터 페렐	130
DAY · 54	넘어져도 계속 가는 자가 승리한다 —마윈	132
DAY · 55	불가능에 뛰어들어라 —어니스트 헤밍웨이	134

DAY·56	실패는 적이 아니다 —사라 블레이클리	136
DAY·57	나만의 철학이 나를 지켜 준다 —레이 달리오	138
DAY·58	실패를 외면하는 사람은 성공도 함께 외면하게 된다 —로버트 기요사키	140
DAY·59	실패와 불행은 다르다 —얼 나이팅게일	142
DAY·60	실수를 통해 성장하라 —아론 소킨	144
❖❖❖	실패에서 배우는 질문	146

Part 4

관계를 설계하라
연결이 성과를 만든다

DAY·61	신뢰 없이는 성과도 없다 —레너드 로더	150
DAY·62	경청하는 사람이 결국 이긴다 —줄리 주오	152
DAY·63	진심이 없는 말은 공허하다 —사이먼 시넥	154
DAY·64	몸짓이 말보다 더 많이 말한다 —조 나바로	156
DAY·65	피드백은 성장의 가장 빠른 길이다 —킴 스콧	158
DAY·66	공감하는 자가 비즈니스를 지배한다 —마크 랜돌프	160
DAY·67	이해하기 위해 경청하라 —스티븐 커비	162
DAY·68	함께 성장해야 진짜 성공이다 —벤 호로비츠	164
DAY·69	갈등을 피하면 성장도 멈춘다 —패트릭 렌시오니	166
DAY·70	상대의 니즈를 읽어라 —클레이튼 크리스텐슨	168
DAY·71	관계도 투자해야 자산이 된다 —애덤 그랜트	170
DAY·72	말 한마디가 세상을 바꾼다 —로빈 샤르마	172
DAY·73	팀워크는 따로 또 같이 —레이 크록	174
DAY·74	논리로 설득하고 감정으로 움직여라 —세스 고딘	176
DAY·75	중요한 것은 각인될 때까지 반복하라 —닉 사보	178

DAY·76	다양성이 곧 힘이다 —인드라 누이	180
DAY·77	팀워크가 전부다 —톰 브래디	182
DAY·78	위로보다 전략이 답이다 —멜린다 게이츠	184
DAY·79	비판은 품격으로 이겨 내라 —마틴 루터 킹 주니어	186
DAY·80	관계를 가꾸고 투자하라 —짐 론	188
❖❖❖	인간관계를 재정립하는 질문	190

Part 5

나만의 방식으로 성공하라
나다운 리더가 되는 법

DAY·81	영향력은 태도에서 시작된다 —존 맥스웰	194
DAY·82	위에서 내려다보지 말고 옆에서 함께하라 —토니 셰이	196
DAY·83	소리치지 말고 보여 줘라 —넬슨 만델라	198
DAY·84	방향을 제시하는 자가 리더다 —사티아 나델라	200
DAY·85	진정한 리더의 조건 —저신다 아던	202
DAY·86	선택의 무게를 감당하라 —존 F. 케네디	204
DAY·87	조용히 단단한 사람이 되어라 —제니퍼 다우드나	206
DAY·88	자신답게 사는 것, 그것이 진정한 힘이다 —엘리너 루스벨트	208
DAY·89	어려운 결정을 피하지 마라 —라리사 메이	210
DAY·90	누구도 막을 수 없는 사람이 되어라 —조엘 피터슨	212
DAY·91	팀의 승리가 곧 나의 승리다 —마크 베니오프	214
DAY·92	배움에 나이는 없다 —헨리 포드	216
DAY·93	사람을 이끄는 힘, 그건 바로 공감이다 —버락 오바마	218
DAY·94	언제나 사람이 먼저다 —얀 쿰	220
DAY·95	의미 있는 흔적을 남겨라 —스티브 잡스	222
DAY·96	당신만의 원칙을 지켜라 —마이클 블룸버그	224

DAY·97	말보다 가치를 만들어라 —피터 틸	226
DAY·98	리더는 죽을 때까지 배운다 — 잭 웰치	228
DAY·99	오늘 당신은 무엇을 남겼는가 —앤절라 아렌츠	230
DAY·100	당신이 존경하는 리더가 되어라 —미셸 오바마	232

◆◆◆ 성공을 향해 가는 질문   234

에필로그   이제 당신의 문장을 써 보세요   236

Part 1

생각을 리셋하라

작은 변화로 큰 차이를 만드는 생각의 혁명

크게 꿈꾸고
지금 당장 시작하라

Think big, start now.

I knew that if I failed, I wouldn't regret it.
But the one thing I might regret is not trying.
Most people wait too long for the perfect moment.
But the truth is, success rewards those who start before they feel ready.
Dream big, then take the first step today.

◆

나는 실패해도 후회하지 않으리라는 걸 알았습니다.
하지만 시도조차 하지 않았다면,
그건 평생 후회할 일이 될 거라 생각했어요.
많은 사람들은 완벽한 순간을 기다리다가 기회를 놓치죠.
하지만 성공은 준비되기 전에 시작한 사람에게 찾아옵니다.
크게 꿈꾸되, 오늘 당장 한 발을 내디디세요.

제프 베이조스

제프 베이조스 Jeff Bezos
아마존 최고경영자(CEO). 차고에서 시작해 세계 최대 온라인 유통 기업 아마존을 만든 창업자. 장기적인 사고가 혁신의 힘이라고 말한다.

Daily Insight

성공은 완벽하려는 사람보다 행동에 나서는 사람을 더 반긴다.

DAY 2

오늘이라는 선물을 낭비하지 마라

Treat today like a gift.

Every day is a new chance to start over.
What you do today can change your whole life.
Don't waste time thinking about
what you didn't do yesterday.
Focus on now.
This moment is a gift. Use it well.

◆

매일은 다시 시작할 수 있는 새로운 기회입니다.
오늘 내딛는 한 걸음이 당신의 인생을 바꿀 수 있습니다.
어제 하지 못한 일에 너무 집착하지 마세요.
지금에 집중하세요.
이 순간은 선물입니다. 현명하게 활용하세요.

오프라 윈프리

오프라 윈프리 Oprah Winfrey

미국의 방송인. 〈오프라 윈프리 쇼〉를 25년간 진행하며 세계적인 명성을 얻었다. 힘든 어린 시절을 딛고 자신의 힘으로 세계적인 영향력을 가진 인물이 되었다. 오늘을 소중히 여기는 마음이 인생의 방향을 바꾼다고 믿는다.

Daily Insight

과거를 후회하고 미래를 걱정하느라 오늘이라는 선물을 낭비하지 마세요.
매일의 선택이 미래를 바꿉니다.

스스로의 잠재력을 믿어라

Trust your inner power.

Trust yourself.
Every heart knows its own path.
Don't copy what others do.
Your power comes from being yourself,
not from being like someone else.

◆

자신을 믿으세요.
모든 마음은 자신만의 길을 알고 있습니다.
남을 따라 하지 마세요.
당신의 힘은 다른 사람처럼 되는 게 아니라
자신답게 사는 데에서 나옵니다.

랠프 월도 에머슨

랠프 월도 에머슨 Ralph Waldo Emerson
미국 사상의 뿌리를 세운 철학자. 스스로를 믿고 자신만의 길을 개척하라는 메시지를 전했다. 순응은 위대함의 적이며 모든 사람은 무한한 잠재력을 지닌 존재라고 강조했다.

Daily Insight

진정한 힘은 밖이 아닌 안에 있습니다.
내면의 목소리를 들으세요.

불확실함을 껴안는 자가 미래를 얻는다

Embrace the unknown.

If something is important enough,
you do it even if the odds are against you.
I've never waited for certainty.
It rarely comes.
The unknown is where all breakthroughs begin.
If you want to change the world,
get comfortable with being uncomfortable.

◆

무언가 정말 중요하다면,
가능성이 적더라도 해야 합니다.
저는 확신이 들 때까지 기다린 적이 없습니다.
확신은 거의 오지 않아요.
모든 혁신은 불확실성에서 시작됩니다.
세상을 바꾸고 싶다면, 불편함에 익숙해지세요.

일론 머스크

일론 머스크 Elon Musk

테슬라와 스페이스X를 만든 미래 개척자. 불확실성 속으로 뛰어드는 것이 진짜 혁신이라 믿으며, 위험은 두려움이 아니라 미래산업을 선도하는 비용이라고 본다.

Daily Insight

변화는 불확실성 속에서 태어난다.
두렵더라도 미지의 세계로 걸어 들어가야 비로소 새로운 가능성을 만날 수 있다.

성공은 내 안에서 시작된다

Success starts from within.

Recognize your power, and follow your passion.
Your power and passion come from
the beauty of your dreams,
the depth of your imagination,
and the strength of your values.

◆

당신의 힘을 깨닫고, 당신의 열정을 따르세요.
그 힘과 열정은 당신의 꿈이 지닌 아름다움,
상상력의 깊이, 그리고 당신의 굳건한 가치관에서 나옵니다.

낸시 펠로시

낸시 펠로시 Nancy Pelosi

미국의 전 하원 의장. 2007년 미국 사상 여성 최초로 하원 의장으로 선출되었다. 뛰어난 투자 실력으로도 잘 알려져 있다.

Daily Insight

계속 나아가세요. 스스로의 노력을 믿으세요.

과감한 결단이
변화를 이끈다

Bold decisions drive change.

We've slowly made our dreams smaller.
Whenever we face disappointment,
we don't push harder.
we instead lower the bar.
But if we trusted ourselves and our potential,
just imagine who we could become.

◆

우리는 조금씩 꿈을 점점 줄여 왔습니다.
실망을 겪을 때마다 더 강하게 밀어붙이기보다
기준을 낮춰 버리곤 했습니다.
그러나 우리 자신과 잠재력을 믿는다면
우리가 어떤 사람이 될 수 있을지 상상해 보세요.

마거릿 대처

마거릿 대처 Margaret Thatcher
영국 역사상 첫 여성 총리. '철의 여인'으로 불리는 강한 리더십과 흔들리지 않는 신념으로 경제 위기 속에서 국가 개혁을 이끌었다.

Daily Insight

최고의 기준이 최고의 결과를 이끈다.

열정은 행동할 때만 빛난다

Turn passion into action.

Passion means nothing without action.
If you believe in something,
don't just dream; do something about it.
Start small, work hard, and keep showing up.
Real success comes from turning energy into sustained effort.
Dreams grow only when you move forward.

◆

행동 없는 열정은 아무 의미가 없습니다.
무언가를 믿는다면 꿈만 꾸지 말고 행동으로 옮기세요.
작은 것부터 시작하고 열심히 노력하면서 꾸준히 실천하세요.
진정한 성공은 열정을 지속적인 노력으로 전환할 때 찾아옵니다.
꿈은 당신이 앞으로 나아갈 때에만 자랍니다.

하워드 슐츠

하워드 슐츠 Howard Schultz
전 스타벅스 최고경영자. 스타벅스를 인수해 세계적인 브랜드로 만든 비전 있는 리더.

Daily Insight

열정은 마음속에만 두면 사라집니다.
행동으로 옮길 때 비로소 가능성이 됩니다.

당신의 WHY를 찾아야 앞으로 나간다

Find your WHY.

When you know your WHY, everything changes.
You wake up with purpose.
You work harder, push further, and don't give up easily.
Your WHY gives you direction, even on hard days.
Without it, it's easy to feel lost or discouraged.

◆

당신의 'WHY'를 알게 되면 모든 것이 달라집니다.
당신은 목적을 품고 아침을 맞이합니다.
더 열심히 노력하게 되고, 쉽게 포기하지 않을 것입니다.
당신의 WHY는 힘든 날에도 길을 비춰 줍니다.
WHY가 없으면 쉽게 길을 잃거나 지치게 됩니다.

토니 로빈스

토니 로빈스 Tony Robbins
사람들의 잠재력을 끌어내는 세계적인 강연가이자 코치. 저서 《네 안에 잠든 거인을 깨워라》는 30년간 전 세계 독자에게 영감을 주었다.

Daily Insight

내가 왜 이 길을 걷는지 분명히 알면 흔들림 없는 힘이 생깁니다.
WHY는 삶의 나침반입니다.

평범함에 안주하면 평범하게 죽는다

Raise your standards.

Don't limit yourself to what's easy.
Set higher standards and grow into them.
When you expect more from yourself,
you start to achieve more.
Great things don't come from staying comfortable.
Push a little harder,
and you'll surprise yourself.

◆

쉬운 일에 스스로를 가두지 마세요.
기준을 높이고, 그 기준에 맞는 사람으로 성장해 나가세요.
스스로에게 더 큰 기대를 걸면 더 큰 성과가 따라옵니다.
위대한 일은 안락함 속에서 만들어지지 않아요.
조금만 더 밀어붙이면 스스로도 놀랄 거예요.

셰릴 샌드버그

셰릴 샌드버그 Sheryl Sandberg
전 메타 최고운영책임자(COO). 광고 기반 수익 모델을 정립해 페이스북의 전성기를 이끌었으며, 현재는 일하는 여성들을 위한 비영리 플랫폼 린 인(Lean In) 활동에 전념하고 있다.

Daily Insight

기준은 내가 나를 어떻게 보는지 보여 줍니다.
오늘부터 한 단계 더 높은 기대치를 세워 보세요.
높은 기준이 더 나은 결과를 이끕니다.

변명하는 순간
패배가 시작된다

Stop blaming the world.

Don't wait for the world to change.
You must change yourself first.
If something isn't working,
do something about it.
Blaming others won't help you grow.
You have the power to make better choices.

◆

세상이 바뀌기를 기다리지 마세요.
먼저 나 자신을 바꾸세요.
무언가 제대로 되지 않는다면, 직접 행동에 나서세요.
다른 사람을 탓해서는 결코 성장할 수 없습니다.
더 나은 선택을 할 수 있는 힘은 당신 안에 있습니다.

피터 드러커

피터 드러커 Peter Drucker
현대 경영학의 아버지. 진정한 리더는 온전히 책임지는 사람이라고 믿었다. 저서로는 《피터 드러커 자기경영노트》, 《기업가 정신》, 《위대한 혁신》 등이 있다.

Daily Insight

환경은 변명이 될 수 없습니다. 나의 선택이 나의 길을 만듭니다.

과정을 믿는 자가 결과를 얻는다

Trust the process.

Big results don't come overnight.
Keep working, even when progress feels slow.
Every step you take builds something.
Trust the hard days.
they teach you the most.

◆

큰 성과는 하룻밤 사이에 이루어지지 않습니다.
속도가 느려도 계속 나아가야 해요.
한 걸음 한 걸음이 쌓여서 무언가를 만듭니다.
힘겨운 날을 믿으세요.
가장 큰 교훈을 주는 날이니까요.

필 나이트

필 나이트 Phil Knight
나이키를 한 걸음씩 키워 낸 공동설립자. 육상 선수의 길을 걷다가 스탠포드 경영대학원에 진학하며 자신만의 길을 개척했다.

Daily Insight

결과에는 시간이 걸립니다. 매일의 과정이 결국 당신을 성장시킵니다.
과정을 믿는 자가 결과를 얻습니다.

포기를 모르는 끈기가 기적을 만든다

Stick with it and miracles will follow.

Success is not about being the smartest.
It's about staying strong when things get tough.
Don't stop just because it's slow or tough.
Believe in your path, and keep going.
Grit is never giving up.

◆

성공은 가장 똑똑한 사람에게 오는 것이 아닙니다.
어려움 속에서도 꿋꿋이 버티는 데 달려 있습니다.
느리다고, 힘들다고 멈추지 마세요.
당신의 길을 믿고 계속 나아가세요.
끈기란 결코 포기하지 않는 마음입니다.

앤절라 더크워스

앤절라 더크워스 Angela Duckworth
미국의 심리학자이자 《그릿》의 저자. 성공과 성취를 위해서는 노력을 유지하는 끈기와 열정이 결정적이라고 말한다.

Daily Insight

끈기는 속도보다 중요합니다.
중간에 멈추지 않는 사람이 결국 끝에 도달합니다.

남과 비교하면 나를 잃는다

Stop comparing. Start reflecting.

Comparing yourself to others only adds noise.
Reflection helps you grow with clarity.
Don't chase someone else's path; build your own.
Peace comes when you focus on your progress,
not theirs.

◆

자신을 남과 비교하면 불필요한 잡음만 커질 뿐입니다.
깊은 성찰은 당신이 명료하게 성장하도록 도와줍니다.
남의 길을 좇지 말고, 당신만의 길을 개척하세요.
평온은 남이 아닌 자신의 성장에 집중할 때 찾아옵니다.

찰리 멍거

찰리 멍거 Charlie Munger
미국의 변호사이자 투자자. 워런 버핏이 가장 믿고 의지하는 파트너이자 버크셔 해서웨이 투자 전략 설계자였다.

Daily Insight

비교는 나를 흐리게 하지만, 성찰은 나를 선명하게 만듭니다.
나의 길은 누구와도 같지 않습니다.

속도가 곧 경쟁력이다

Speed wins the game.

Don't wait for perfection.
Ship it as soon as it's good enough.
You can always improve later.
But if you wait too long, someone else will beat you to it.

◆

완벽해질 때까지 기다리지 마세요.
충분히 괜찮다면 곧바로 세상에 내놓으세요.
개선은 이후에도 할 수 있습니다.
그러나 머뭇거리면 다른 누군가가 먼저 선보일 것입니다.

드류 휴스턴

드류 휴스턴 Drew Houston
MIT 재학 시절 USB 드라이브를 잃어버린 개인적인 경험을 기반으로 클라우드 스토리지 '드롭박스'를 만들었다. 최고의 비즈니스는 개인적으로 직면한 문제를 해결하는 데에서 비롯된다는 것을 보여 준다.

Daily Insight

빠른 실행과 개선이 완벽한 계획을 기다리는 것보다 낫습니다.

틀을 깨는 자가 세상을 바꾼다

Break out of the box.

Don't let others decide who you should be.
You are more than labels and rules.
Be bold, be different, and speak your truth.
When you break out of the box,
you make space for something new.

◆

다른 사람이 당신이 어떤 사람이 되어야 할지 결정하도록
내버려두지 마세요.
당신은 꼬리표나 규칙보다 더 큰 존재입니다.
담대해지세요. 다르게 살아 보세요. 그리고 당신만의 진실을 말하세요.
틀을 깰 때 새로운 가능성이 피어납니다.

이사벨 아옌데

이사벨 아옌데 Isabel Allende
대담한 이야기와 두려움 없는 사고로 장벽을 허문 노벨문학상 수상 작가. 《사랑과 그림자에 대하여》, 《에바 루나》 등을 썼다. 라틴 아메리카를 대표하는 작가다.

Daily Insight

고정관념은 나를 가두는 벽입니다.
벽을 넘을 때 진짜 내가 시작됩니다.

편안함은 성장의 적이다

Embrace discomfort.

Growth doesn't happen in your comfort zone.
If things feel easy, you're not changing.
Try something new, even if it scares you.
Get uncomfortable. That's how you move forward.

◆

성장은 안락한 곳에서는 일어나지 않습니다.
모든 것이 너무 쉽게 느껴진다면, 당신은 변화하지 않는 것입니다.
두렵더라도 새로운 걸 시도해 보세요.
익숙함에서 벗어나는 것, 그것이 앞으로 나아가는 길입니다.

리드 헤이스팅스

리드 헤이스팅스 Reed Hastings
넷플릭스 최고경영자. 세상의 콘텐츠 소비 방식을 바꾼 기술 혁신가다. 익숙함을 벗어나 과감한 아이디어를 따라야 한다는 경영 철학으로 '파괴적 혁신의 아이콘'으로 불린다.

Daily Insight

불편함은 나를 단단하게 만드는 도전입니다.
익숙함을 벗어나야 새로운 기회가 보입니다.

도전하지 않으면
기회도 오지 않는다

Take the risk, or lose the opportunity.

If you wait too long, the chance may be gone.
Life is full of risk, but also full of reward.
You don't need to be fearless,
just brave enough to try.
Take the step, even if you feel unsure.

◆

너무 오래 기다리면 기회는 사라질 수 있어요.
인생에는 위험도 있지만, 보상도 그만큼 가득합니다.
무조건 두려움이 없어야 하는 건 아니에요.
그냥 한 번 시도할 용기면 충분해요.
확신이 없어도 그냥 한 걸음을 내디뎌 보세요.

리처드 브랜슨

리처드 브랜슨 Richard Branson
영국 기업가. 인생은 모험의 연속이라 믿었다. 그가 소유한 버진 그룹의 제1가치 역시 '끊임없는 호기심(insatiable curiosity)'이다.

Daily Insight

기회는 항상 다시 오지 않습니다.
망설이다 놓치기보다 시도해 보는 편이 낫습니다.

겸손하되
담대하게 나아가라

Stay humble, move boldly.

You don't need to be loud to be strong.
True confidence is quiet and steady.
Be bold in your actions, but kind in your heart.
Stay humble as you grow.

◆

강해지기 위해 목소리를 높일 필요는 없습니다.
진짜 자신감은 조용하고 흔들림이 없어요.
행동에서는 담대하되, 마음은 따뜻하게 가지세요.
성장할수록 겸손함을 잃지 마세요.

팀 쿡

팀 쿡 Tim Cook
애플의 최고경영자. 조용하고 원칙을 중시하는 리더로, 세계적인 기업에 자신만의 색을 더한 인물이다.

Daily Insight

겸손은 나를 작게 만드는 것이 아니라 나를 더 크게 성장시킵니다.
대담함과 따뜻함은 함께 갈 수 있습니다.

꿈은 두려워야 한다

Your dreams should scare you

Always work hard on something that is uncomfortably exciting.
You'll surprise yourself by how much you can accomplish.
Your dreams should scare you a little,
and excite you a lot.

◆

조금 불안할 만큼 열정이 끓어오르는 일에 몰입하세요.
당신이 해낼 수 있는 일이 생각보다 훨씬 많다는 걸 알면
스스로에게 놀라게 될 거예요.
당신의 꿈은 조금은 두렵고,
훨씬 더 설레는 것이어야 해요.

래리 페이지

래리 페이지 Larry Page
구글의 공동창업자이자 기술 혁신가다.

Daily Insight

실패를 두려워하면 꿈은 사라진다.

위기를 기회로 바꾸는 자가 강자다

Turn crisis into opportunity.

Hard times don't last, but only the paranoid survive.
A crisis can break you or make you stronger.
The choice is yours.
In tough moments, learn quickly and act even faster.

◆

힘든 시간은 지나가고 끊임없이 경계하는 사람만이 살아남습니다.
위기는 당신을 꺾을 수도, 더 강하게 만들 수도 있습니다.
선택은 당신에게 달려 있습니다.
고난의 순간에는 빠르게 배우고, 더 빠르게 행동하세요.

앤드루 그로브

앤드루 그로브 Andrew Grove
인텔 전 최고경영자. 미국 비즈니스 역사상 가장 중요하고 흥미로운 경영자로 평가받는 인물. 스티브 잡스, 마크 저커버그 등 실리콘 밸리 경영자들의 멘토이자 친구였다.

Daily Insight

위기는 끝이 아니라 시작입니다.
그 순간을 어떻게 쓰느냐가 당신을 만듭니다.

Questions for Designing Tomorrow
내일을 설계하는 질문

Q. What kind of life do I truly want to live? Why does that life matter to me?

내가 정말 살고 싶은 삶은 어떤 모습인가요? 그 삶은 나에게 어떤 의미가 있나요?

Revisit your 'WHY'. Purpose reignites passion.
당신만의 이유를 다시 떠올려 보라. 목적은 열정을 되살린다.

Q. What do you spend the most time on each day? If you'd like to change something, what would it be?

나의 하루 중 가장 많은 시간을 차지하는 일은 무엇인가요? 만약 바꾸고 싶은 부분이 있다면 어떻게 바꾸고 싶나요?

....

....

Q. What was one of the hardest times in my life, and how did it shape who I am today?

내 삶에서 가장 힘들었던 순간을 떠올려 보세요. 그 경험은 나에게 어떤 흔적을 남겼나요?

....

....

....

Part 2

지금 당장 시작하라

행동이
기회를 만든다

빠르게 시도하고, 더 빠르게 배워라

Try fast. Learn faster.

The only way to win is to learn faster than anyone else.
Don't wait for a perfect plan.
Start with what you have and test it.
If it works, scale it.
If not, pivot quickly and try again.

◆

이기는 유일한 방법은 남들보다 빨리 배우는 것입니다.
완벽한 계획이 나올 때까지 기다리지 마세요.
지금 있는 것으로 시작하고 실험해 보세요.
잘되면 키우고, 그렇지 않으면
빠르게 방향을 바꿔 다시 도전하세요.

에릭 리스

에릭 리스 Eric Ries
실리콘 밸리의 창업가. 자신만의 스타트업 방법론을 담은 《린 스타트업》을 썼다.

Daily Insight

작은 시도는 큰 배움이 됩니다.
실패는 나쁜 게 아니라 더 나은 방향을 찾는 기회입니다.
계속 배우면 더 나은 선택을 할 수 있어요.

실행이 모든 차이를 만든다

Execution makes the difference.

Everyone has talent.
But talent without hard work is nothing.
I practiced harder than anyone else.
That's my secret; practice, fail, learn, and try again.

◆

모든 사람은 재능이 있습니다.
하지만 노력 없는 재능은 아무것도 아닙니다.
저는 누구보다 열심히 연습했습니다.
그것이 제 비밀입니다.
연습하고, 실패하고, 배우고, 다시 시도하세요.

마이클 조던

마이클 조던 Michael Jordan

세계적인 농구선수로 자리매김했지만 마이클 조던도 고등학교 농구 팀에서 탈락했었다. 좌절감에도 불구하고 누구보다 독하게 연습하며 농구 역사상 최고의 선수가 되었다.

Daily Insight

재능보다 중요한 것은 매일의 실천입니다.
재능은 잊고 연습에 집중하세요.

완벽함보다 성장을 택하라

Progress over perfection.

Waiting for perfection often means doing nothing.
Start now, even if your idea is not perfect.
You can improve as you go.
It's progress that builds great things, not perfection.

◆

완벽을 기다리다 보면 아무것도 하지 못하게 됩니다.
완벽하지 않아도 지금 시작하세요.
해 나가면서 더 나아질 수 있습니다.
위대한 것을 만드는 힘은 완벽이 아니라 꾸준한 진전입니다.

마크 저커버그

마크 저커버그 Mark Zuckerberg

페이스북, 인스타그램, 왓츠앱의 모회사 메타 최고경영자. 그는 '빠르게 실행하고 점차 개선한다.'라는 철학 아래, 소비자 중심의 서비스를 과감하게 실험하며 발전시켜 왔다.

Daily Insight

꾸준함이 완벽함보다 멀리 갑니다.
중요한 건 멈추지 않고 나아가는 거예요.

어제의 나를 넘는 것이 진짜 승리다

Be better than yesterday.

You don't need to be perfect.
Just be better than yesterday.
Just improve by 1% every day.
Show up today, even if it feels hard.
The secret to success is doing simple things again and again.

◆

완벽할 필요는 없습니다. 어제보다 조금만 나아지면 돼요.
매일 1%씩 나아지면 됩니다.
힘들어도 오늘 해야 할 일을 해 보세요.
성공의 비결은 단순한 일을 꾸준히 반복하는 데 있습니다.

제임스 클리어

제임스 클리어 James Clear

야구 유망주였으나 큰 부상으로 선수 활동을 중단했다. 절망하는 대신 일상의 작은 노력을 쌓았고, 6년 뒤 대학 최고의 선수로 재기해 매일 조금씩 실천하는 것만으로도 큰 변화를 이끌 수 있다는 걸 삶으로 증명해 냈다. 이 경험을 바탕으로 《아주 작은 습관의 힘》을 썼다.

Daily Insight

성공은 하루아침에 오지 않지만, 매일 조금씩은 성장할 수 있습니다.
어제보다 한 걸음 나아간다면, 그걸로 충분합니다.

피드백을 통해 우리는 성장한다

Feedback drives growth.

Ask for feedback often.
Listen without getting defensive.
The truth may hurt, but it will help you grow.
People who ask for feedback succeed faster.

◆

자주 피드백을 구하세요.
방어적으로 반응하지 말고 귀 기울이세요.
진실은 아플 수 있지만 결국 당신을 성장하게 합니다.
피드백을 구하는 사람이 더 빨리 성공합니다.

마셜 골드스미스

마셜 골드스미스 Marshall Goldsmith
세계에서 가장 영향력 있는 경영 코치. 성장의 열쇠는 변명 없이 피드백을 수용하는 태도라 믿는다.

Daily Insight

성장하려면 귀를 열어야 합니다.
피드백은 거울과 같아서 진짜 나의 모습을 보여 줍니다.

나를
먼저 챙겨라

Prioritize yourself first.

You must take care of yourself to take care of others.
Your goals, your time, and your energy matter.
When you feel strong, you can give more.
Put yourself first,
not out of selfishness, but out of wisdom.

◆

다른 사람을 돌보려면 먼저 나를 잘 돌봐야 해요.
당신의 목표도, 시간도, 에너지도 모두 소중합니다.
스스로 강해질 때 더 많이 베풀 수 있어요..
자신을 우선에 두는 건 이기심이 아니라 지혜입니다.

브라이언 트레이시

브라이언 트레이시 Brian Tracy

세계적인 비즈니스 컨설턴트. 글로벌 컨설팅 기업 브라이언 트레이시 인터내셔널의 회장.

Daily Insight

나 자신이 건강하고 충만해야 좋은 에너지를 나눌 수 있어요.

타이밍을 읽는 자가 승리한다

Know the right moment.

Great ideas need the right timing.
If you move too early or too late,
you can miss the opportunity.
Success often comes from knowing when to act.
Learn to wait, but also be ready to move fast.

◆

좋은 아이디어에는 올바른 타이밍이 필요합니다.
너무 빨라도, 너무 늦어도 기회를 놓칠 수 있어요.
성공은 언제 행동해야 할지를 아는 데서 옵니다.
기다릴 줄 알되 움직일 때는 빠르게 움직여야 해요.

케빈 시스트롬

케빈 시스트롬 Kevin Systrom

인스타그램의 공동창업자. 스탠퍼드 대학교를 졸업하고 구글에서 경력을 쌓은 뒤 2010년 인스타그램을 창업하며 소셜미디어 역사에 큰 획을 그었다.

Daily Insight

기회는 항상 있지 않습니다.
타이밍을 읽는 감각은 연습으로 키울 수 있습니다.

지금 이 순간이 시작이다

Today is the first day.

Don't put off till tomorrow what you can do today.
Time lost is never found again.
Start today, even if it's small.
Tomorrow's big results begin with today's small actions.

◆

오늘 할 수 있는 일을 내일로 미루지 마라.
잃어버린 시간은 다시 돌아오지 않는다.
작은 일이라도 오늘 당장 시작하라.
오늘의 작은 행동이 내일의 큰 결과를 만든다.

벤저민 프랭클린

벤저민 프랭클린 Benjamin Franklin
미국 건국의 아버지라 불리는 지식인. 가난한 가정에서 태어나 작가, 과학자, 정치가, 사업가로 큰 성공을 이뤘다. 평범한 사람이 규율과 호기심을 통해 비범한 일을 이룰 수 있음을 증명했다.

Daily Insight

완벽한 때는 없습니다.
지금이 가장 좋은 시작점입니다.

현명한 위험은 기꺼이 감수하라

Take calculated risks.

Risk is part of every success.
Smart people take only the risks they understand.
Don't bet on luck, bet on what you know.
The best risk is the one you're prepared for.

◆

성공에는 항상 리스크가 따릅니다.
하지만 똑똑한 사람은 이해 가능한 리스크만 감수해요.
운에 맡기지 말고, 내가 공부한 것에 투자하세요.
준비된 리스크가 가장 좋은 리스크입니다.

워런 버핏

워런 버핏 Warren Buffett
세계적인 투자자이자 오랜 시간 성공을 이어 온 기업인으로 '오마하의 현인'이라 불린다.

Daily Insight

모든 도전이 가치 있는 건 아닙니다.
이해하고 감당할 수 있는 리스크만 선택하세요.
똑똑한 리스크는 추측이 아닌 지식에서 나옵니다.

루틴이
당신의 운명을 결정한다

Your routine shapes your destiny.

How you start your day shapes your life.
A strong morning routine builds confidence and clarity.
Small habits practiced daily create big change.
Your routine is your foundation. Build it with care.

◆

하루를 어떻게 시작하느냐가 인생의 방향을 결정합니다.
좋은 아침 루틴은 자신감과 명료함을 키워 줍니다.
매일 실천하는 작은 습관이 큰 변화를 만듭니다.
루틴은 삶의 기반이에요.
정성껏 디자인하세요.

할 엘로드

할 엘로드 Hal Elrod
《미라클 모닝》의 저자이자 강연가다. 탄탄한 일상 루틴이 성공과 평온을 가져온다고 말한다.

Daily Insight

하루를 스스로 설계하면 인생도 달라집니다.
좋은 습관은 가장 좋은 도구입니다.

실행 불가능한 목표는 쓰레기다

Goals you can't act on are worthless.

Goals don't need to be big.
They just need to work.
If you can't act on a goal, it won't help you.
Set goals that are clear and simple.

◆

목표가 꼭 커야 할 필요는 없어요.
실제로 도움이 되는 것이 더 중요합니다.
실행할 수 없는 목표는 아무 소용이 없어요.
명확하고 단순한 목표를 세우세요.

조시 카우프만

조시 카우프만 Josh Kaufman

《퍼스널 MBA》의 저자이자 실용적인 비즈니스 사고를 전하는 비즈니스 컨설턴트.

Daily Insight

목표는 실천할 수 있을 때 의미가 생깁니다.

실험을 멈추면 성장도 멈춘다

Always be testing.

Don't wait for the perfect idea.
Test what you have now.
The best ideas often come from mistakes.
Every test teaches you something new.

◆

완벽한 아이디어를 기다리지 마세요.
지금 가지고 있는 걸 먼저 실험해 보세요.
최고의 아이디어는 실수에서 나올 때도 있어요.
모든 실험은 새로운 깨달음을 줄 거예요.

데니스 크롤리

데니스 크롤리 Dennis Crowley
포스퀘어의 공동창업자이자 창의적인 사고를 실천하는 기업가.

Daily Insight

실험은 실패가 아니라 배우는 과정입니다.
자꾸 시도할수록 더 좋은 방향을 찾을 수 있어요.

시간은 당신의 가장 소중한 자산이다

Time is your most valuable asset.

Time is the one thing you can't get back.
Use it wisely, like you would with your money.
Don't waste your time on things that don't matter.
The way you spend your time shapes your whole life.

◆

시간은 한 번 지나가면 다시 돌아오지 않아요.
돈처럼 시간을 똑똑하게 써야 합니다.
중요하지 않은 일에 시간을 낭비하지 마세요.
시간을 어떻게 쓰느냐가 당신의 삶 전체를 결정합니다.

찰스 슈와브

찰스 슈와브 Charles Schwab
미국의 대표적인 투자자이자 미국의 가장 큰 금융서비스 기업인 찰스슈왑 코퍼레이션을 설립한 인물이다.

Daily Insight

시간은 누구에게나 공평하지만, 시간을 사용하는 방법은 다릅니다.

당신만의 리듬을 찾아라

Find your own rhythm.

You don't have to rush. Find your own pace.
Build a rhythm you can maintain each day.
When your rhythm is right, success comes naturally.
Slow and steady wins.

◆

서두를 필요는 없어요. 나만의 속도를 찾으세요.
매일 유지할 수 있는 리듬을 만드는 게 중요합니다.
그 리듬이 맞을 때 성공은 자연스럽게 따라옵니다.
천천히, 꾸준히 하는 사람이 성공합니다.

닐 파텔

닐 파텔 Neil Patel
마케팅 전문가이자 기업가로, 무리하지 않고 좋은 습관을 쌓아 가며 성장하는 법을 가르친다.

Daily Insight

꾸준함은 속도보다 강합니다.
흐름을 만들면 지치지 않고 나아갈 수 있어요.

제대로 쉬는 것도 실력이다

Rest is part of the plan.

Twice a year, I take a week off just to think and read.
These breaks help me gain clarity.
My best ideas come when I step away from work.
Rest isn't wasting time, it's making time for better thinking.

◆

일 년에 두 번, 저는 온전히 사색과 독서만을 위해 일주일을 쉽니다.
이런 휴식이 제게 선명한 시야를 열어 줘요.
최고의 아이디어는 일에서 벗어날 때 나옵니다.
휴식은 시간 낭비가 아니라 더 나은 사고를 위한 시간입니다.

빌 게이츠

빌 게이츠 Bill Gates

마이크로소프트를 공동설립하고 개인용 컴퓨터 시대를 연 미국의 기업인. 정기적으로 '생각 주간'을 갖고 휴식하며 책을 읽는다. 일상 업무에서 벗어날 때 최고의 아이디어가 나온다는 것을 발견했다.

Daily Insight

휴식은 게으름이 아니라 더 나은 성과를 위한 필수 전략입니다.
멈춤 없는 질주는 오히려 창의성과 생산성을 떨어뜨립니다.

집중이 성과를 만든다

Focus fuels results.

Real outcomes come from deep focus.
Distraction kills your best work.
Protecting your focus means protecting your time.
Focused work generates more value in less time.

◆

진짜 성과는 깊은 집중에서 나옵니다.
산만함은 최고의 결과를 방해합니다.
집중을 지키는 것이 시간을 지키는 일입니다.
집중해서 일할 때 짧은 시간에도 더 큰 성과를 낼 수 있습니다.

칼 뉴포트

칼 뉴포트 Cal Newport
조지타운 대학교의 컴퓨터공학과 교수이자 《딥 워크》의 저자. 산만함이 넘치는 시대일수록 깊이 있는 집중이 진짜 성공을 만든다고 믿는다.

Daily Insight

집중하는 10분이 흩어져 있는 10시간을 이깁니다.

꾸준함이 완벽을 이긴다

Be consistent, not perfect.

Perfection takes time.
If you show up every day, you will grow.
Real success comes from consistent effort.
You don't need to be perfect. Just keep going.

◆

완벽을 추구하면 시간이 걸리기 마련입니다.
하지만 매일 꾸준히 나아가면 반드시 성장합니다.
가장 큰 성공은 꾸준한 노력에서 나옵니다.
완벽하지 않아도 괜찮아요. 계속해 보세요.

브라이언 체스키

브라이언 체스키 Brian Chesky
에어비앤비의 공동창업자이자 최고경영자.

Daily Insight

성공은 한 번의 완벽한 순간이 아니라 매일의 반복에서 나옵니다.
작게라도 매일 움직이면 결국 도착합니다.

예스를 외쳐라

Say "YES" often.

Even if it feels a bit edgy, a bit outside your comfort zone,
saying "Yes" means doing something new,
meeting someone new,
and making a difference in your life.
It will probably make a difference in others' lives, too.
"Yes" is what keeps us young.

◆

조금 버겁고 불편하게 느껴지더라도
"예스"라고 말하는 것은
우리는 새로운 일을 시도하고 새로운 사람을 만나며,
삶에 변화를 일으키는 것입니다.
아마 다른 이들의 삶에도 변화를 만들 겁니다.
"예스"는 우리를 젊게 만드는 힘입니다.

에릭 슈미트

에릭 슈미트 Eric E. Schmidt
미국의 컴퓨터 엔지니어로 구글의 전 최고경영자. 스타트업 수준이던 구글에 합류해 10년 만에 구글을 세계 최대 검색 엔진으로 성장시켰다. 실리콘밸리 기업가를 넘어 AI 전략가로 활약하고 있다.

Daily Insight

긍정적인 말은 긍정적인 생각으로,
긍정적인 생각은 더 나은 미래로 이어진다.

성장하는 것이 진정한 목적이다

Growth is the goal.

I don't play to defeat others.
I strive to outdo myself.
Every challenge is a chance to grow.
Be better than yesterday.
That's the only competition that truly matters.

◆

저는 다른 사람을 이기기 위해 뛰지 않습니다.
저 자신을 넘어서려고 하죠. 모든 경기는 곧 성장의 기회입니다.
어제의 나보다 더 나아지십시오.
그것만이 유일하게 중요한 경쟁입니다.

세리나 윌리엄스

세리나 윌리엄스 Serena Williams
미국의 테니스 선수. 역대 최고의 선수로 꼽히며 그랜드 슬램 23회 우승을 이룬 역대 최고의 여자 테니스 선수다.

Daily Insight

진정한 승리는 어제의 나를 이기는 것입니다.

생각은 그만, 실행이 답이다

Action beats ideas.

Everyone has ideas, but few dare to act.
What really matters is doing, not just dreaming.
Even the smallest step can spark great change.
You don't need a perfect plan.
You just need the courage to begin.

◆

아이디어는 누구나 가질 수 있지만
행동으로 옮기는 이는 많지 않아요.
작은 발걸음이 큰 변화를 일으킵니다.
완벽한 계획보다 중요한 것은, 지금 시작하는 일입니다.

블레이크 마이코스키

블레이크 마이코스키 Blake Mycoskie
간단한 아이디어에 강한 실행력을 더해 탐스슈즈를 창립했다. 신발 한 켤레를 사면 한 켤레가 기부된다는 일대일 기부 공식을 제시하며 사회적 비즈니스 모델을 널리 알렸다.

Daily Insight

생각만 하고 있으면 아무 일도 일어나지 않아요.
한 걸음 내디뎌야 변화가 시작됩니다.

Questions for Buling Small Habits
작은 습관을 만드는 질문

Q. What am I doing well right now, and how can I build on it to keep growing?

내가 지금 잘하고 있는 일은 무엇이고, 그 강점을 더 키워 가려면 어떻게 할 수 있을까요?

A strong routine helps you grow every day.
좋은 루틴은 매일 성장할 수 있게 해 준다.

Q. What's the smallest version of a habit I can do, even on a bad day?

가장 힘든 날에도 할 수 있는 아주 작은 습관을 써 봅시다.

Q. At what time of day do I feel most focused and energized?

하루 중 가장 집중이 잘되고 에너지가 넘치는 시간은 언제인가요?

Part 3

실패를 활용하라

흔들림 속에 기회가 있다

실패는 성공을 위한 데이터일 뿐이다

Failure is just data.

Failure is not the end. It's part of the process.
Every mistake shows you what doesn't work.
That's how you learn and grow.
Failure provides the data you need to try again, smarter.

◆

실패는 끝이 아닙니다. 과정의 일부입니다.
실수는 무엇이 안 되는지를 알려 줍니다.
그렇게 배워서 성장하는 것입니다.
실패는 더 현명하게 다시 시도할 수 있는 자료를 제공합니다.

토머스 에디슨

토머스 에디슨 Thomas Edison
미국의 발명가. 그는 전구, 축음기, 영사기 등 일상의 패러다임을 바꾼 수많은 발명품을 세상에 내놓았다. 수천 번의 실패에도 굴하지 않고 끝까지 도전한 집념의 상징이기도 하다.

Daily Insight

실패 속에는 다음 기회로 가는 힌트가 있어요.
실패를 받아들이는 태도가 성장을 만듭니다.

두 번째 도전이
진짜 시작이다

The second try is stronger.

My first company failed, but it taught me important lessons.
When I tried again with Mickey Mouse, I was stronger and smarter.
I knew the path better because I had walked it before.
Second chances always come with new wisdom.

◆

나의 첫 번째 회사는 실패했지만 중요한 교훈을 가르쳐 주었습니다.
미키마우스를 내세워 다시 도전했을 때 저는 더 강해지고 현명해졌죠.
이미 걸어 본 길이었기에 더 잘 알 수 있었습니다.
두 번째 기회는 항상 새로운 지혜와 함께 옵니다.

월트 디즈니

월트 디즈니 | Walt Disney

첫 실패를 가장 큰 스승으로 만든 애니메이터이자 기업가다. 첫 애니메이션 회사가 파산한 후 미키 마우스를 만들고 엔터테인먼트 제국을 건설했다.

Daily Insight

월트 디즈니는 한 번 실패했지만 두 번째 시도는 마법을 만들었어요.
두 번째 시도는 경험이 더해져 훨씬 더 강합니다.

한 발 물러서면
두 발 나아갈 수 있다

Reset when necessary.

I collapsed from exhaustion and hit my head on my desk.
That moment taught me that stepping back isn't a sign of weakness; it's a show of wisdom.
Sometimes we just need to pause, recharge, and reset.
True success comes when we value both work and rest.

◆

과로로 쓰러져 책상에 머리를 부딪혔어요.
그 순간 깨달았죠. 물러서는 것은 나약함이 아니라 지혜라는 것을.
때로는 멈추고, 재충전하고, 재정비해야 합니다.
일과 휴식 모두를 존중할 때 진정한 성공을 이룰 수 있습니다.

아리아나 허핑턴

아리아나 허핑턴 Arianna Huffington
허핑턴포스트의 설립자. 극도의 피로로 쓰러진 경험 후 일과 삶의 균형을 깨닫고 웰빙 라이프 스타트업 트라이브 글로벌을 설립했으며 2016년 허핑턴 포스트의 편집장 자리를 내려놓았다.

Daily Insight

쉼 없이 달리는 것만이 능사는 아닙니다.
후퇴는 패배가 아니라 더 나은 전진을 위한 전략입니다.

불안은
거짓말쟁이다

Your anxiety isn't the truth.

I've found that 99% of the things I worried about never happened.
Worry is like a rocking chair.
It gives you something to do but takes you nowhere.
Focus on solving today's problems,
not tomorrow's imagined ones.

◆

걱정했던 일의 99%는 실제로 일어나지 않았습니다.
걱정은 흔들의자와 같습니다.
할 일은 주지만 어디로도 가지 못하게 합니다.
상상에 불과한 내일의 문제 대신 오늘의 문제를 마주하세요.

데일 카네기

데일 카네기 Dale Carnegie
미국의 작가이자 성공학 분야 선구자다. 《인간관계론》을 비롯한 다양한 저서가 고전으로 자리매김했다. 100년 가까운 시간이 흘렀지만 그의 조언은 여전히 많은 이들에게 성공 지침이 된다.

Daily Insight

불안은 우리 마음이 만들어 내는 소음일 뿐입니다.
그것이 현실을 반영하는 것은 아닙니다.

내려놓는 순간 더 강해진다

Letting go shows strength.

Letting go isn't weakness; it's wisdom.
You don't have to carry every burden forever.
Growth means knowing what to keep and what to let go of.

◆

내려놓는 것은 약함이 아니라 지혜입니다.
모든 걸 끝까지 붙잡을 필요는 없어요.
성장은 무엇을 붙들고, 무엇을 놓아야 할지를 아는 데에서 시작됩니다.

메리 배라

메리 배라 Mary Barra
제너럴 모터스(GM)의 CEO이자 원칙을 중심으로 이끄는 리더다.

Daily Insight

무언가를 붙잡는 용기도 필요하지만, 놓을 줄 아는 용기는 더 깊습니다.
내려놓아야 더 멀리 갈 수 있어요.

위기가 곧 기회다

Crisis is opportunity.

If we start a quarrel between the past and the present, we risk losing the future.
Never give in, never, never, never, never.
In nothing, great or small, large or petty, never give in except to convictions of honour and good sense.

◆

과거에 얽매여 현재를 직시하지 못하면
다가올 미래를 놓칩니다.
결코 굴복하지 마십시오.
큰 문제든 작은 문제든 상관없습니다.
명예와 분별력에 따른 확신이 아니라면
결코 굴복하지 마십시오.

윈스턴 처칠

윈스턴 처칠 Winston Churchill
나치 독일에 맞서 영국을 이끈 불독 같은 지도자. 안락함 대신 용기를 선택하여 국가의 가장 어두운 시간을 가장 빛나는 순간으로 바꿨다.

Daily Insight

과거와 싸우지 마세요. 오늘을 불평하지 마세요.
그러면 내일의 기회를 놓칩니다.

DAY 47

완벽함은 환상일 뿐이다

You don't have to be perfect.

You don't need to be perfect to be worthy.
Your story matters, even the messy parts.
Progress is better than perfection.
Be kind to yourself. You're already enough.

◆

가치 있으려면 완벽할 필요는 없어요.
어설픈 부분까지도 당신의 이야기입니다.
완벽보다 나아지는 것이 더 중요해요.
자신에게 친절하세요. 당신은 지금도 이미 괜찮은 사람입니다.

데비 밀먼

데비 밀먼 Debbie Millman
디자이너이자 작가, 강연가로 버거킹, 펩시, 하겐다즈, 네슬레, 질레트 등 세계적인 브랜드의 브랜딩을 완성했다. 17년간 팟캐스트 〈디자인 매터스〉에서 다양한 지성들을 인터뷰하며 창의적인 마인드셋을 전 세계에 전했다.

Daily Insight
완벽함은 기준이 아니라 환상일지도 몰라요.
우리는 있는 그대로의 나로도 충분합니다.
실수와 부족함 속에서 성장이 시작됩니다.

막혔다면 방향을 바꿔라

Detours can lead forward.

A wall doesn't always mean you should stop.
Sometimes it tells you to change direction.
Creative paths are never straight. They twist and turn.
Trust the detour; it may lead you somewhere better.

◆

당신을 가로막는 벽은 멈추라는 뜻만은 아닙니다.
때로는 방향을 바꾸라는 신호일 수 있어요.
창의의 길은 결코 직선이 아니에요. 굽이치고 돌아가기도 합니다.
우회로를 믿으세요. 더 나은 길로 인도할 수 있습니다.

에드 캣멀

에드 캣멀 Ed Catmull
픽사의 공동창업자이자 창의적 혁신을 이끌어 온 리더다.

Daily Insight

길이 막혔다면 다른 길이 있다는 뜻일 수도 있어요.
계획에서 벗어나는 것이 더 나은 결과로 이어질지도 몰라요.

고통 없이는 성장도 없다

No pain, no progress.

Growth doesn't come from comfort.
It comes from effort, mistakes, and trying again.
Discomfort is part of learning something new.
If it's hard, it means you're growing.

◆

성장은 편안함 속에서 일어나지 않습니다.
노력과 실수, 다시 시도하는 과정에서 옵니다.
불편함은 새로운 것을 배우는 데 꼭 필요한 감정이지요.
지금 힘들다면 그것은 당신이 성장하고 있다는 신호입니다.

에이미 에드먼슨

에이미 에드먼슨 Amy Edmondson
하버드 비즈니스 스쿨의 리더십 및 경영학 교수. 심리적 안전성과 팀 학습 분야의 세계적 권위자다. 《두려움 없는 조직》에서 실패를 배움의 도구로 삼는 실험장 같은 조직 문화를 강조했다.

Daily Insight

불편하고 힘든 순간이 진짜 배움의 순간이에요.
고통은 멈춤이 아니라 성장의 증거입니다.

실패를 통해 성장한다

Failure is the teacher

I was a single mom on welfare.
I had failed at everything.
But failure set me free.
It showed me who I really was.
Embrace your failures.
They are gifts.

◆

저는 생활 보호를 받는 싱글맘이었습니다.
모든 것에 실패했죠.
하지만 실패가 저를 자유롭게 했습니다.
진짜 제 모습을 보여 줬어요. 실패를 활용하세요.
시행착오는 나에게 주는 선물입니다.

J.K. 롤링

J.K. 롤링 J.K. Rowling
《해리 포터》 시리즈를 쓴 세계적인 소설가. 그녀는 출판사 12곳에서 출간을 거절당했다. 거절과 실패가 자신에게 창작의 연료가 되었다고 말한다.

Daily Insight

실패는 성공으로 가는 필수 과정입니다.
넘어진 곳에서 보물을 찾으세요.

감정도 읽어야 할 신호다

Emotions are signals too.

Your emotions are not distractions. They are signals.
They help you understand what matters to you.
Even subtle feelings can guide strong decisions.
Listen to them. They have something to tell you.

◆

감정은 방해물이 아니라 신호입니다.
무엇이 나에게 중요한지를 알려 줘요.
작은 감정조차도 중요한 결단을 이끌어 낼 수 있어요.
감정에 귀 기울이세요. 그건 당신에게 말을 걸고 있는 거예요.

수잔 케인

수잔 케인 Susan Cain
《콰이어트》의 저자이자 내면의 힘을 전하는 작가다.

Daily Insight

감정은 나의 약점이 아니라 나를 이해하는 도구입니다.
감정을 알아차릴수록 더 현명한 선택을 할 수 있어요.

내 사전에 포기란 없다

Don't ever give up.

Most people lose because they give up too soon.
Success takes time, and pressures.
You only fail when you give up.
Stay in the game, and you'll find your moment.

◆

대부분의 사람들은 너무 빨리 포기해서 실패합니다.
성공은 시간과 압박을 필요로 해요.
포기할 때만 진짜 실패하는 것입니다.
끝까지 버티면 기회가 찾아옵니다.

나발 라비칸트

나발 라비칸트 Naval Ravikant
장기적인 성공을 강조하는 스타트업 투자자이자 사상가다. 우버, 노션, 트위터, 클럽하우스 등 유니콘 기업의 성장을 이끌었으며 철학적 통찰이 담긴 어록으로 '실리콘밸리의 현자'라고 불린다.

Daily Insight

포기는 나를 이기지 못할 때 나오는 선택입니다.

피드백은
성장의 황금열쇠다

Feedback is the golden key to growth.

Feedback isn't meant to hurt. It's meant to help.
Even small comments can show you something important.
Growth begins when you listen with an open mind.

◆

피드백은 상처 주기 위한 것이 아니라 돕기 위한 것입니다.
작은 말 속에도 중요한 메시지가 담겨 있어요.
마음을 열고 들을 때 성장은 시작됩니다.

에스터 페렐

에스터 페렐 Esther Perel
인간관계와 감정의 복잡함을 탐구하는 심리치료사이자 작가.

Daily Insight

가장 큰 성장은 작은 피드백에서 시작됩니다.
불편한 말 속에 나를 위한 진실이 담겨 있어요.
듣고, 받아들이고, 변화하는 것, 그게 진짜 성장입니다.

넘어져도
계속 가는 자가 승리한다

Keep going, no matter what.

I failed many times, but I never gave up.
People said I wasn't good enough.
But I moved forward, one step at a time.
Failure is not the end.
It's just part of the way to success.

◆

저는 수없이 실패했지만 절대 포기하지 않았습니다.
많은 사람들이 저를 부족하다고 말했어요.
하지만 저는 한 걸음씩 계속 나아갔습니다.
실패는 끝이 아닙니다. 성공으로 가는 길의 일부일 뿐입니다.

마윈

마윈 Jack Ma

알리 익스프레스의 모기업 알리바바 그룹의 창립자. 그는 수많은 거절과 실패를 딛고 성공한 교사 출신 기업가다. 겸손하게 배우고, 실패에서 교훈을 얻으며, 진정성 있는 리더십을 실천한다.

Daily Insight

실패는 멈추는 이유가 아닙니다.
계속 버티는 사람이 결국 이깁니다.

불가능에 뛰어들어라
Leap into the impossible

For a true writer, each book should be a new beginning,
a fresh attempt at something beyond one's grasp.
He should always aim for what has never been done,
or for what others have tried and failed at.
Then, with enough luck, he may succeed.

◆

진정한 작가에게 책 한 권, 한 권은
도달할 수 없는 무언가에 다시 도전하는 새로운 시작이어야 합니다.
작가는 항상 아무도 해 본 적 없는 일,
혹은 다른 사람들이 시도했다가 실패한 일을 목표로 삼아야 합니다.
그러다 보면 큰 행운이 따라 성공할 수 있을 것입니다.

어니스트 헤밍웨이

어니스트 헤밍웨이 Ernest Hemingway
미국의 소설가이자 언론인. 1954년 노벨 문학상을 수상했다. 모험적인 삶을 닮은 간결하면서도 강렬한 자신만의 문체로 미국 문학계에 큰 획을 그었다.

Daily Insight

어디에 맞추려 하지 말고 그 틀을 스스로 깨세요.

실패는 적이 아니다

Failure isn't the enemy.

My dad used to ask me
"So what did you fail at this week?"
If I had nothing to tell him, he'd be disappointed.
That shifted my mindset.
So I stopped fearing failure and started chasing effort.
Failure isn't the enemy. It's the proof that you're trying,
and that's always worth celebrating.

◆

아버지는 매주 제게 물었어요. "이번 주에 실패한 게 뭐니?"
말할 게 없으면 아버지는 오히려 실망하곤 하셨죠.
그 경험이 제 사고방식을 바꾸어 놓았어요.
실패를 두려워하는 대신 시도 그 자체를 소중히 여기게 됐어요.
실패는 적이 아닙니다. 당신이 시도하고 있다는 증거이며,
그 자체로 충분히 기념할 일입니다.

사라 블레이클리

사라 블레이클리 Sara Blakely
여성 의류 브랜드 스팽스 창립자. 5,000달러와 기발한 아이디어 하나로 전 세계 속옷 시장을 바꿨다.

Daily Insight

실패는 끝이 아닙니다. 포기가 끝입니다.

나만의 철학이
나를 지켜 준다

Build your own philosophy.

Don't just follow what others say. Think for yourself.
Learn from what goes wrong and record what works.
Make rules that guide your life.
This is how you build your own philosophy.

◆

남이 말하는 대로만 따라가지 마세요. 스스로 생각하세요.
잘못된 경험에서 배우고, 잘된 방법은 기록해 두세요.
당신만의 인생 원칙을 세우는 거예요.
그렇게 나만의 철학이 만들어집니다.

레이 달리오

레이 달리오 Ray Dalio

깊은 성찰과 원칙으로 '브리지워터 어소시에이츠'를 세운 세계적인 투자자, 헤지펀드 매니저. 저서 《빅 사이클》을 통해 글로벌 부채 위기와 해법을 제시했다.

Daily Insight

삶은 정답이 아닌 선택의 연속입니다.
나만의 기준이 있어야 흔들리지 않습니다.

실패를 외면하는 사람은 성공도 함께 외면하게 된다

Avoiding failure means avoiding success.

Those who succeed know that failure isn't the end;
it's part of moving forward.
Each failure offers a chance to learn and grow.
Avoiding failure may feel safe,
but it often means missing the opportunity to become better.

◆

성공하는 사람들은 실패를 끝이 아니라
앞으로 나아가는 일부로 여깁니다.
실패는 배움과 성장을 위한 기회가 되죠.
실패를 피하는 것이 안전해 보일 수 있지만,
그만큼 더 나아질 기회도 놓치기 쉽습니다.

로버트 기요사키

로버트 기요사키 Robert T. Kiyosaki
재테크 분야 고전으로 손꼽히는 《부자 아빠 가난한 아빠》의 저자. 미국의 제록스 영업 사원을 거쳐 국제적인 투자 교육 회사 리치대드컴퍼니를 세웠다.

Daily Insight
실패는 끝이 아니라 성장을 향한 길의 일부다.

실패와 불행은 다르다

Failure isn't the end.

The only reason we remain unfulfilled is that we've given up.
Even people without major problems can slip into misery once they give up on life.
If you fail, try again.
Learn from it and keep moving forward.

◆

우리가 불행에 머무는 유일한 이유는 스스로 체념하고 포기했기 때문입니다.
큰 문제가 없던 사람도 삶을 포기하는 순간 불행에 빠질 수 있습니다.
실패하더라도 다시 시도하세요.
그 안에서 배우고 계속 나아가야 합니다.

얼 나이팅게일

얼 나이팅게일 Earl Nightingale
나이팅게일 코넌트 사의 회장. 30년간 자기계발 라디오 방송의 진행자로 활동하며 성공에 관한 진리를 알렸다. 밥 프록터, 론다 번 등 자기계발 대가의 멘토로 알려져 있다.

Daily Insight

포기는 당신을 가두고, 노력은 당신을 자유롭게 합니다.

실수를 통해 성장하라

Own your missteps.

Rehearsal is over. You're heading out now.
You're going to do this.
You may fall, but what matters is that
you stand up one more time than you fall.

◆

리허설은 끝났습니다. 이제 세상으로 나가야 합니다.
당신은 반드시 해낼 겁니다.
넘어질 수도 있지만, 세상이 신경 쓰는 건 넘어지는 횟수가 아니라
일어나는 횟수가 그보다 단 한 번 더 많다는 사실입니다.

아론 소킨

아론 소킨 Aaron Sorkin
헐리우드의 대표적인 각본가이자 프로듀서. 영화 〈소셜 네트워크〉(2010), 〈머니볼〉(2011), 〈스티브 잡스〉(2015)의 각본을 썼다. 드라마 〈뉴스룸〉(2012)을 연출했으며 아카데미 각색상을 수상했다.

Daily Insight

중요한 건 몇 번 넘어지느냐가 아니라 한 번 더 일어서는 것입니다.

Questions for Learning from Failure
실패에서 배우는 질문

Q. Think of a time you failed in pursuing something that truly mattered to you.

중요한 목표를 향해 가다 실패했던 순간을 떠올려 보세요.

Trial and error is how we discover new things.
시행착오를 통해 우리는 새로운 것을 발견한다.

Q. What did that failure teach you, and how has it shaped who you are today?

그 실패는 무엇을 가르쳐 주었고 지금의 당신에게 어떤 영향을 주었나요?

Q. Even though it didn't work out, what did you do that you're still proud of?

결과적으로는 실패였지만 그 과정에서 지금도 자랑스럽게 생각하는 점은 무엇인가요?

Part 4

관계를 설계하라

연결이 성과를 만든다

신뢰 없이는 성과도 없다

Trust leads to results.

Trust is the foundation of every strong team.
Without it, even the best ideas fall apart.
When people believe in one another, they take bold steps together.
Trust doesn't just feel good, it delivers outcomes.

◆

신뢰는 강한 팀의 토대입니다.
신뢰가 없다면 아무리 좋은 아이디어라도 무너집니다.
서로를 믿을 때 함께 과감한 발걸음을 내디딜 수 있습니다.
신뢰는 기분 좋은 감정 그 이상으로 실제 성과를 만듭니다.

레너드 로더

레너드 로더 Leonard Lauder
에스테 로더를 세계 최대 화장품 기업으로 성장시킨 에스티 로더 명예회장.

Daily Insight

성과는 신뢰에서 시작되고 신뢰는 말보다 행동으로 증명됩니다.
작은 약속을 지키는 것부터 신뢰는 쌓입니다.

경청하는 사람이 결국 이긴다

Listen well to win.

Great leaders don't just speak; they listen deeply.
Listening shows respect, builds trust,
and reveals hidden insights.
People want to be heard more than they want to be spoken to.
In a noisy world, listening becomes a superpower.

◆

훌륭한 리더는 말하는 사람이 아니라 깊이 듣는 사람입니다.
경청은 존중을 보여 주고, 신뢰를 만들며, 숨겨진 통찰을 드러냅니다.
사람들은 지시받기보다 자신의 이야기를 들어주길 원합니다.
시끄러운 세상 속에서 경청은 강력한 무기가 됩니다.

줄리 주오

줄리 주오 Julie Zhuo
페이스북 제품 디자인 부문 부사장을 지낸 리더이자 사려 깊은 리더십을 강조하는 인물. 저서 《팀장의 탄생》은 모든 리더를 위한 실용적인 지침서다.

Daily Insight

말을 아끼고 귀를 여세요.
가장 똑똑한 사람은 가장 많이 듣는 사람입니다.

진심이 없는 말은 공허하다

Lead by being honest.

Honesty builds the trust that leadership depends on.
People don't follow perfection;
they follow authenticity.
It's not about saying the right words.
It's about meaning them.

◆

정직은 리더십에 반드시 필요한 신뢰를 만들어 냅니다.
사람들은 완벽함보다 진정성을 따릅니다.
올바른 말을 하는 것보다 그 말에 진심이 담겨 있는지가 더 중요합니다.

사이먼 시넥

사이먼 시넥 Simon Sinek
《스타트 위드 와이》의 저자이자 밀레니얼 세대를 이끄는 리더십 전문가.

Daily Insight

말보다 진심이 먼저 전달되어야 합니다.
진짜 리더는 말이 아닌 태도로 신뢰를 얻습니다.

몸짓이 말보다 더 많이 말한다

Your body speaks as well.

We speak even when we're silent.
Your body reflects your confidence, honesty, and intentions.
People trust their eyes more than their ears.
Mastering nonverbal cues helps you lead, connect, protect your team.

◆

우리는 침묵 속에서도 말하고 있습니다.
몸은 우리의 자신감, 진정성, 의도를 그대로 드러냅니다.
사람들은 말보다 행동을 더 믿습니다.
비언어적 표현을 이해하면 그 힘으로 팀을 지혜롭게 이끌고,
팀원들과 소통하고, 팀을 지킬 수 있습니다.

조 나바로

조 나바로 Joe Navarro

전직 FBI 수사관이자 세계적인 비언어 커뮤니케이션 전문가다.

Daily Insight

말보다 먼저 몸이 메시지를 전달합니다.
신뢰받는 사람은 몸짓도 정직합니다.

피드백은 성장의 가장 빠른 길이다

Feedback helps people grow.

Feedback isn't criticism; it's a gift for growth.
When shared with care and clarity,
it builds trust and sparks improvement.
Avoiding feedback may feel kind, but it holds people back.
True leaders speak up to help others thrive.

피드백은 비난이 아니라 성장을 위한 선물입니다.
배려와 명확성을 담아 전달할 때 신뢰를 만들고 발전합니다.
피드백을 피하는 건 친절처럼 보일 수 있지만 결국 성장을 막습니다.
진짜 리더는 타인의 성장을 위해 목소리를 냅니다.

킴 스콧

킴 스콧 Kim Scott
진심 어린 리더십을 전하는 임원 교육 기업 '피드백 루프'의 공동 창립자이자 《실리콘밸리의 팀장들》의 저자.

Daily Insight

피드백은 애정에서 시작됩니다.
성장을 원한다면, 솔직하게 말하고 겸손히 받아들이세요.

공감하는 자가 비즈니스를 지배한다

Empathy can be your strongest business tool.

Empathy isn't gentle; it's sharp.
When you understand others,
you build better products, decisions, and teams.
It helps you see what your customers
and coworkers really need.
Empathy isn't just kind; it's smart business.

◆

공감은 부드러운 것이 아니라 날카로운 도구입니다.
타인을 이해할수록 더 나은 제품, 더 나은 의사결정,
더 나은 팀을 만들 수 있습니다.
공감은 고객과 동료의 진짜 니즈를 보게 해 줍니다.
공감은 단순한 친절이 아니라 현명한 비즈니스 전략입니다.

마크 랜돌프

마크 랜돌프 Marc Randolph
넷플릭스 공동창업자이자 전 세계 창업가들이 신뢰하는 멘토다. 호기심과 공감, 실행이 성공의 핵심이라 믿으며 사람을 깊이 이해하는 데서 진정한 혁신이 시작된다고 강조한다.

Daily Insight

공감은 감정이 아니라 통찰입니다.
먼저 듣고 느끼는 것이 일의 시작입니다.

이해하기 위해 경청하라

Listen to truely understand.

First seek to understand, then to be understood.
Most people merely listen to reply, not to understand.
True leaders listen with empathy;
They feel emotions, not just words.

◆

먼저 이해하려 하고 그다음에 이해받으려고 하세요.
대부분의 사람들은 단지 대답하기 위해서만 듣습니다.
진정한 리더는 공감의 태도로 말이 아닌 감정을 듣습니다.

스티븐 커비

스티븐 커비 Stephen Covey
영향력 있는 비즈니스 책 《성공하는 사람들의 7가지 습관》을 썼다. "먼저 이해하라."라는 단순한 원칙은 전 세계 독자의 소통 방식을 바꿨다.

Daily Insight

먼저 상대를 이해하는 것이 영향력의 시작입니다.

함께 성장해야 진짜 성공이다

Grow together with others.

Great companies aren't built by one person.
They're built by teams that grow together.
Tough times test relationships,
but they also strengthen them.
If you want to go further, grow with your team,
not just beside them.
Shared growth builds loyalty that lasts.

◆

위대한 기업은 한 사람이 아니라 함께 성장한 사람들이 만듭니다.
어려운 시기는 관계를 시험하지만 동시에 더욱 견고하게 만듭니다.
멀리 가고 싶다면 옆에서가 아니라 함께 성장하세요.
같이 성장한 경험은 오래 가는 신뢰를 만듭니다.

벤 호로비츠

벤 호로비츠 Ben Horowitz
《하드씽》의 저자이자 벤처 투자자다.

Daily Insight

진짜 팀워크는 함께 버티고, 함께 크는 것입니다.
성과보다 과정을 함께한 사람이 오래 갑니다.

갈등을 피하면 성장도 멈춘다

Don't avoid conflict. Manage it.

Conflict isn't the enemy. Silence is.
Avoiding tension may keep things calm,
but it stalls progress.
Healthy teams debate, disagree, and then align.
Managing conflict leads to better outcomes
and deeper trust.
The best solutions come from deep understanding.

◆

갈등이 문제가 아니라 침묵이 문제입니다.
긴장을 피하면 편할 수는 있어도 발전은 멈춥니다.
건강한 팀은 논쟁하고, 충돌하고, 결국 한 방향으로 나아갑니다.
갈등을 잘 다루는 팀일수록 더 큰 성과와 신뢰를 얻을 수 있습니다.
최고의 해결책은 깊은 이해에서 나옵니다.

패트릭 렌시오니

패트릭 렌시오니 | Patrick Lencioni
실리콘밸리 경영 컨설턴트. 《팀워크의 부활》을 썼다.

Daily Insight

갈등은 팀이 성장하는 과정입니다.
피하는 대신 마주 보고 해결하는 리더가 되세요.
불편함 속에 신뢰가 자랍니다.

상대의 니즈를 읽어라

Know what they really need.

Customers don't always know how to articulate their needs.
True innovation begins by uncovering their real problems.
Focus on their goals, not just their words.

◆

고객은 자신의 니즈를 명확히 말하지 못할 때가 많습니다.
진짜 혁신은 그들이 겪는 진짜 문제를 찾는 데서 시작됩니다.
표면적인 말이 아니라 그들이 이루고자 하는 일을 읽어야 합니다.

— 클레이튼 크리스텐슨

클레이튼 크리스텐슨 Clayton Christensen
《혁신기업의 딜레마》의 저자이자 '파괴적 혁신' 이론을 널리 알린 경영사상가. 로널드 레이건 전 미국 대통령 재임 시절에 백악관 정책연구원으로 활동하기도 했다.

Daily Insight

말보다 의도를 읽으세요.
표면적인 요청 뒤에 숨겨진 니즈를 파악하세요.

관계도 투자해야 자산이 된다

Relationships are assets.

Success isn't just about talent. It's about trust.
Strong relationships create support, insight,
and opportunity.
People who give generously build networks that last.
In any field, relationships are one of your most valuable assets.

◆

성공은 단지 실력의 문제가 아니라, 신뢰의 결과입니다.
탄탄한 관계는 지지와 통찰, 기회를 만들어 냅니다.
베푸는 사람일수록 오래 지속되는 인맥을 쌓습니다.
어떤 분야든 인간관계는 가장 큰 자산입니다.

애덤 그랜트

애덤 그랜트 Adam Grant
《기브앤테이크》의 저자이자 조직 심리학자다.

Daily Insight

성과보다 사람을 먼저 챙기세요.
관계에 시간과 마음을 쓰세요.
사람이 기회를 가져옵니다.

말 한마디가 세상을 바꾼다

Words matter.

Your words shape your world.
What you say becomes what you believe.
Positive words builds courage, energy, and vision.
Always speak like a leader, even when no one is listening.

◆

당신의 말이 당신의 세상을 만듭니다.
말은 곧 믿음이 되고, 믿음은 행동이 됩니다.
긍정적인 언어는 용기와 에너지, 비전을 키웁니다.
아무도 듣지 않을 때조차 리더처럼 말하세요.

로빈 샤르마

로빈 샤르마 Robin Sharma
세계적인 리더십 연설가. 결핍 아동들을 지원하는 비영리 기업 로빈샤르마어린이재단의 설립자이기도 하다.

Daily Insight

당신의 언어가 당신의 태도가 됩니다.

팀워크는
따로 또 같이

Work together, win together.

Success takes systems, roles, and trust.
When each person does their part, the team wins.
Teamwork isn't about being the same.
It's about aiming for the same goal.

◆

성공은 시스템, 역할, 신뢰 위에 세워집니다.
각자가 제 몫을 다할 때 팀 전체가 함께 승리합니다.
팀워크는 모두가 같아지는 것이 아니라 같은 목표를 향하는 것입니다.

레이 크록

레이 크록 Ray Kroc
맥도날드를 세계적인 브랜드로 성장시킨 기업가. 일관성과 팀워크, 체계적인 운영이 위대한 성공을 만든다고 말한다.

Daily Insight

혼자 잘하는 것보다 함께 잘하는 것이 더 큰 힘입니다.
역할은 달라도 방향은 같아야 합니다.

논리로 설득하고 감정으로 움직여라

Balance facts with feelings.

Facts make you credible,
and feelings make you memorable.
If you speak only in numbers, you'll be forgotten.
If you speak only in emotion, you'll lose trust.
The magic happens when data meets human truth.

◆

논리는 신뢰를 만들고, 감성은 기억을 남깁니다.
숫자만 말하면 사람들의 기억에서 사라지고,
감정만 말하면 신뢰를 얻기 어렵습니다.
데이터와 인간의 진심이 만날 때 마법 같은 일이 일어납니다.

세스 고딘

세스 고딘 Seth Godin
미국의 마케팅 전략가. 《보랏빛 소가 온다》와 《이것이 마케팅이다》의 저자. 감성적 스토리텔링과 논리가 함께할 때 사람의 마음을 움직일 수 있다고 말한다.

Daily Insight

사람의 마음은 데이터와 스토리 사이에서 움직입니다.
균형 잡힌 메시지가 영향력을 만듭니다.

중요한 것은
각인될 때까지 반복하라

Repeat it until it sticks.

Clear ideas are not always understood the first time.
If it's important, repeat it, and phrase it clearly.
Repetition drives retention, especially in a noisy world.
Effective communication is not about being flashy.
It's about being consistent.

◆

중요한 아이디어일수록 한 번에 이해되지 않을 수 있습니다.
전달이 필요하다면 반복하되 제대로 말해야 합니다.
반복은 기억을 강화하고, 특히 소음 가득한 세상에서 더욱 그렇습니다.
좋은 소통은 화려함보다 일관성에서 나옵니다.

닉 사보

닉 사보 Nick Szabo
디지털 통화를 개발한 미국의 컴퓨터 과학자이자 암호학자. 비트코인의 기원인 가상 화폐의 원리와 구조를 고안했다.

Daily Insight

한 번 말해서는 충분하지 않습니다.
중요한 말은 듣는 이의 머리와 마음에 남아야 합니다.

다양성이 곧 힘이다

Diversity is strength.

Different backgrounds make better decisions.
When everyone thinks the same,
you miss opportunities.
Bring diverse voices to the table.
That's where innovation happens.

◆

다양한 배경이 더 나은 결정을 만듭니다.
모두가 같은 생각을 하면 기회를 놓칩니다.
다양한 목소리를 테이블로 가져오세요.
바로 그곳에서 혁신이 일어납니다.

인드라 누이

인드라 누이 Indra Nooyi

인도 체나이 출신의 펩시코 최고경영자. 친척집 소파에서 잠을 자던 가난한 유년기 시절부터 펩시코 CEO가 되기까지 자신의 뿌리를 잊지 않았다.

Daily Insight

같은 생각은 같은 결과만 낳습니다.
다양한 의견이 모일 때 최고의 결정이 나옵니다.
반대 의견도 귀중한 자산입니다.

팀워크가 전부다

Teamwork is everything.

I've never won on my own.
No championship is won without great teammates.
Make your team better.
Their success is your success.

◆

저는 결코 혼자서 승리한 적이 없습니다.
모든 우승은 훌륭한 팀원들 덕분이었습니다.
팀을 더 강하게 만드세요.
그들의 성공이 당신의 성공입니다.

톰 브래디

톰 브래디 Tom Brady
7회 슈퍼볼 우승을 차지한 NFL 역대 최고 쿼터백으로, 10회 슈퍼볼 출전이라는 전설의 커리어를 쌓았다. 진정한 챔피언은 자신만이 아니라 팀 전체를 끌어올린다는 것을 보여 준다.

Daily Insight

혼자서는 한계가 있습니다.
팀의 힘이 개인의 한계를 넘어서게 합니다.

위로보다
전략이 답이다

Strategy over sympathy.

Caring matters, but action transforms lives.
Sympathy without a plan solves nothing.
If you want to help, think long-term and act purposefully.

◆

마음도 중요하지만, 변화를 만드는 건 행동입니다.
계획 없는 위로는 문제를 해결하지 못합니다.
도움을 주고 싶다면 길게 보고 전략적으로 움직이세요.

멜린다 게이츠

멜린다 게이츠 Melinda Gates
세계적인 자선사업가이자 공정성과 건강을 위한 변화를 이끄는 행동가다.

Daily Insight

위로는 시작일 수 있지만 끝이 되어선 안 됩니다.
진짜 도움은 행동과 전략에서 나옵니다.
마음을 담아 돕되 계획과 실행으로 이어 가세요.

비판은 품격으로 이겨내라

Respond to critics with grace.

Let's not try to satisfy our thirst for freedom
by holding on to bitterness and hate.
That path will never lead to genuine freedom.
Instead, face hate with calm,
and respond to criticism with quiet strength.

◆

자유에 대한 갈증을
억울함이나 증오로 채우려 하지 마세요.
그 길은 진정한 자유로 이어지지 않습니다.
그 대신 증오에는 차분함으로,
비난에는 조용한 강인함으로 대응하세요.

마틴 루터 킹 주니어

마틴 루터 킹 주니어 Martin Luther King Jr.
평화와 용기로 세상을 바꾼 시민권 운동가. 1963년 워싱턴 행진의 '나에게는 꿈이 있습니다' 연설은 시대를 넘어 많은 이들에게 울림을 준다.

Daily Insight

가장 어려울 때에도 친절한 태도를 지키세요.
당신의 품격은 흔들림 속에서 더 빛납니다.

관계를 가꾸고 투자하라

Cultivate and invest in relationships.

Spend your best time with those who matter most,
rather than those who don't.
All too often, we get this backwards.
If someone may lead you astray
over the next 5–10 years,
now is the moment to reassess and change.

◆

중요한 사람과는 중요한 시간을,
사소한 사람과는 사소한 시간을 보내세요.
많은 사람들이 이와 거꾸로 하고 있습니다.
어떤 관계가 5년, 10년 후 당신을 잘못된 방향으로 이끌 것 같다면
지금이 그 관계를 돌아보고 바꿀 때입니다.

짐 론

짐 론 Jim Rohn

빈털터리에서 백만장자에 이른 성공학의 아버지. 미국의 기업가로 20세기 가장 영향력 있는 자기계발 전문가로 꼽힌다.

Daily Insight
미래를 함께할 사람과 최고의 시간을 보내세요.

Questions for Rethinking Relationships
인간관계를 재정립하는 질문

Q. Who do I truly admire? What qualities do I value in them, and what do I hope to learn?

존경하는 사람이 있나요? 그 사람의 어떤 점을 존경하고 배우고 싶은 부분은 무엇인가요?

You are the average of the five people you spend the most time with.
가장 자주 만나는 다섯 명을 보면 그 사람을 알 수 있다.

Q. How can I show my gratitude to someone through the way I live today?

오늘 고마운 사람에게 감사를 표현할 수 있는 나만의 방법을 떠올려 보세요.

Q. What role do I enjoy most in a team?

(Leader, supporter, connector, executor, idea person…)

리더, 조력자, 실무자, 기획자 등 팀 안에서 어떤 역할을 할 때 가장 즐겁게 일하고 몰입할 수 있나요?

Part 5

나만의 방식으로 성공하라

나다운 리더가 되는 법

영향력은 태도에서 시작된다

Influence starts with attitude.

You can't lead others with a negative mindset.
Your attitude is your first message before you say a word.
People follow energy, confidence, and conviction.
Change your attitude,
and you change your influence.

◆

부정적인 마음으로는 누구도 이끌 수 없습니다.
당신의 태도가 말보다 먼저 전달되는 메시지입니다.
사람들은 에너지와 자신감, 믿음을 따릅니다.
태도를 바꾸면 영향력도 달라집니다.

존 맥스웰

존 맥스웰 John Maxwell
《리더십 불변의 법칙》의 저자이자 세계적인 리더십 전문가다.

Daily Insight

말보다 먼저 바꿔야 할 건 태도입니다.
긍정적인 태도가 신뢰와 영향력을 이끕니다.

DAY 82

위에서 내려다보지 말고 옆에서 함께하라

Stand beside, not above.

True leadership isn't about being in front.
It's about being present.
When you stand beside your people,
they feel seen and supported.
Respect grows when leaders share the journey,
not just give orders.
The strongest teams are built side by side.

진짜 리더십은 앞에 서는 것이 아니라 함께 있어 주는 것입니다.
옆에 있어 줄 때 사람들은 존중받고 있다고 느낍니다.
명령이 아니라 여정을 함께할 때 신뢰가 자랍니다.
강한 팀은 어깨를 나란히 하며 만들어집니다.

토니 셰이

토니 셰이 | Tony Hsieh
자포스의 전 CEO이자 기업 문화와 일터의 행복을 중시한 경영 철학의 선구자.

Daily Insight
리더는 앞이 아니라 옆에서 힘이 됩니다.
사람을 위한 리더가 팀을 살립니다.

소리치지 말고 보여 줘라

Show, don't shout.

When your actions speak, your words don't need to.
Change is earned through patience, courage, and steady resolve.
Influence grows when you live your values,
not just talking about them.

◆

행동이 드러날 때 말은 줄여도 됩니다.
변화는 인내와 용기, 조용한 힘으로 만들어집니다.
영향력은 가치를 말로만 하는 것보다 삶으로 실천할 때 커집니다.

넬슨 만델라

넬슨 만델라 Nelson Mandela
남아프리카공화국의 최초이자 세계 최초의 흑인 대통령. 평화와 정의, 도덕적 리더십의 세계적 상징이었다.

Daily Insight

큰 소리보다 깊은 실천이 사람을 움직입니다.

방향을 제시하는 자가 리더다

Leaders set the course.

Leadership is about creating clarity in the midst of chaos.
Your role is not to have all the answers, but to provide direction.
A clear vision gives teams purpose and momentum.
Leaders don't just move. They lead the way.

◆

리더십은 혼란 속에서 명확함을 만드는 일입니다.
모든 답을 아는 것이 아니라 방향을 제시하는 것이 리더의 역할입니다.
명확한 비전은 팀에 목적과 추진력을 부여합니다.
리더는 단순히 움직이는 사람이 아니라 이끄는 사람입니다.

사티아 나델라

사티아 나델라 Satya Nadella
마이크로소프트의 CEO이자 기술과 조직 문화를 함께 이끄는 비전 있는 리더다.

Daily Insight

명확한 길을 제시할 때 팀은 흔들리지 않습니다.

진정한 리더의 조건

Never stop improving.

True leaders are not static; they evolve.
Leadership isn't about knowing everything.
It's about improving day by day.
So stand tall and use them with confidence.

◆

진정한 리더는 변하지 않는 사람이 아니라 계속 발전하는 사람입니다.
리더십은 모든 것을 아는 게 아니라
매일 조금씩 나아지는 것입니다.
그러니 당당하게, 자신감을 갖고 재능을 발휘하세요.

저신다 아던

저신다 아던 Jacinda Ardern
뉴질랜드의 전 총리이자 공감 리더십의 세계적인 상징이다.

Daily Insight

완성된 리더는 없습니다.
배우고 바뀔 수 있는 사람이 오래 갑니다.
성장하는 태도가 리더를 단단하게 만듭니다.

선택의 무게를 감당하라

Embrace your choices.

Leadership begins with taking responsibility.
Every choice you make shapes your path and
your character.
You can't lead others if you avoid your own decisions.
Own your actions, and you earn respect.

◆

리더십은 책임을 지는 것에서 시작됩니다.
당신의 선택은 당신의 길과 인격을 만들어 냅니다.
자신의 결정을 회피하는 사람은 남을 이끌 수 없습니다.
행동에 책임질 때 존중을 얻게 됩니다.

존 F. 케네디

존 F. 케네디 John F. Kennedy
미국 제35대 대통령으로서 책임과 봉사의 가치를 강조한 리더였다.

Daily Insight

선택에는 항상 책임이 따릅니다.
책임지는 태도가 리더의 무게를 결정합니다.
존중받는 리더는 결과 앞에서 도망가지 않습니다.

조용히 단단한 사람이 되어라

Be quietly strong.

Strength doesn't always shout.
It often listens, learns, and endures.
Quiet confidence builds deeper respect than loud authority.
Lead with clarity, calm, and quiet conviction.

◆

강함은 목소리가 아니라 듣고 배우고 견디는 데에서 드러납니다.
조용한 자신감이 크고 강한 목소리보다 더 깊은 존경을 얻습니다.
맑은 생각과 차분한 태도, 조용한 확신으로 이끄세요.

제니퍼 다우드나

제니퍼 다우드나 Jennifer Doudna
미국의 생화학자. 유전자 편집 기술 연구로 2020년 노벨 화학상을 수상했다.

Daily Insight

단단한 태도가 진짜 강함을 보여 줍니다.

자신답게 사는 것, 그것이 진정한 힘이다

True strength comes from being yourself.

No one can make you feel inferior without your consent.
Don't try to be someone else.
You have your own gifts.

◆

스스로 열등하다고 느끼지 않는 한
그 누구도 당신을 낮출 수 없습니다.
다른 사람이 되려고 하지 마세요.
당신에게는 고유한 재능이 있습니다.

엘리너 루스벨트

엘리너 루스벨트 Eleanor Roosevelt

미국 전 대통령 프랭클린 D. 루스벨트의 부인. 여성의 공적 참여를 이끄는 등 적극적인 사회 활동을 펼쳤다. 제2차 세계대전 이후에는 국제연합(UN) 인권위원회 초대 의장을 맡아 1948년 〈세계인권선언〉 채택을 이끌어 냈다.

Daily Insight

나의 가치를 높이는 건
타인의 말과 태도가 아닌 바로 자신입니다.

어려운 결정을 피하지 마라

Don't avoid tough decisions.

Leadership is about stepping forward when others hold back.
The toughest decisions often matter most.
You won't always feel ready,
but you must always be brave.
True impact comes when you choose with courage and clarity.

◆

리더십은 다른 이들이 주저할 때 먼저 나서는 데 있습니다.
가장 어려운 결정이 가장 중요한 순간일 때가 많습니다.
완벽하게 준비되길 기다리지 말고 용기를 내세요.
용기있게 명확한 선택을 할 때 리더의 진정한 영향력이 발휘됩니다.

라리사 메이

라리사 메이 Larissa May
디지털 웰빙을 위한 비영리 단체 '하프더스토리'를 창립했다. 청소년과 젊은 세대가 소셜 미디어를 더 건강하고 자기주도적으로 활용하도록 돕는 교육 프로그램을 제공한다.

Daily Insight

결정은 리더의 책임이자 기회입니다.
회피보다 선택이 더 큰 용기를 요구합니다.

누구도 막을 수 없는 사람이 되어라

Be unstoppable.

Success is not about one big thing.
It's about a hundred small actions done with care.
Each small win builds your confidence.
Stack enough wins,
and you'll become unstoppable.

◆

성공은 한 번의 큰 성취가 아닙니다.
작은 일들을 하나하나 정성을 다해 해내는 과정입니다.
작은 성공들이 쌓일수록 자신감도 함께 커집니다.
이 작은 승리들이 모이면,
누구도 막을 수 없는 사람이 됩니다.

조엘 피터슨

조엘 피터슨 Joel Peterson
스탠퍼드 대학교 경영대학원 교수. 제트블루 항공사 등 여러 기업을 이끌어 왔다. 리더의 신뢰가 조직의 성장을 결정한다고 말하며, 기업의 신뢰 문화 정착 방안을 제시해 왔다.

Daily Insight

권위가 아닌 존재감으로 신뢰를 쌓아라.

팀의 승리가
곧 나의 승리다

Win as a team.

When the team wins, everyone wins.
True leadership means celebrating others' success as if it were your own.
A great leader makes space for every voice at the table.
Success grows when it's shared.

◆

팀이 승리하면 모두가 승리합니다.
진정한 리더는 다른 사람의 성공을 자기 일처럼 기뻐할 줄 압니다.
훌륭한 리더는 모든 목소리가 존중받는 자리를 만듭니다.
성공은 나눌수록 더욱 커집니다.

마크 베니오프

마크 베니오프 Marc Benioff

세일즈포스의 최고경영자이자 천재 개발자로 커리어를 시작해 구독형 클라우드 서비스로 시장을 선도한 인물. 미래의 도전에 맞서려면 기술이 아닌 신뢰가 더 중요하다고 말한다.

Daily Insight
혼자 잘하는 리더보다 함께 잘되는 리더가 오래 갑니다.
내가 아닌 우리로 생각하세요.

배움에 나이는 없다

It's never too late to learn.

You become old the moment you stop learning,
no matter your age.
Anyone who keeps learning stays young.
The only real mistake is one that teaches you nothing.

◆

배우기를 멈추는 순간 나이가 몇이든 이미 늙은 것입니다.
계속해서 배우는 사람은 언제나 젊게 살아갑니다.
경험에서 아무것도 배우지 못하는 것이 삶에서 가장 큰 실수입니다.

헨리 포드

헨리 포드 Henry Ford
'자동차의 왕'으로 불리는 포드 사 창립자. 1920년대 미국의 자동차 대중화 시대를 열었다.

Daily Insight

가장 유능한 리더는 배움을 멈추지 않는 사람입니다.

사람을 이끄는 힘, 그건 바로 공감이다

Empathy is leadership.

Change requires more than just speaking out.
It requires listening, as well.
In particular, it means listening to
those you disagree with,
and being ready to compromise.
Empathy is not weakness. It's the power to understand
and lead.

◆

변화에는 단순히 말하는 것 이상이 필요합니다.
경청이 필요합니다.
특히 의견이 다른 사람들의 말을 경청하고
타협할 준비가 되어 있어야 합니다.
공감은 나약함이 아니라 타인을 이해하고 이끄는 힘입니다.

버락 오바마

버락 오바마 Barack Obama

미국의 제44대 대통령. 지역 사회 조직가에서 첫 아프리카계 미국인 대통령이 된 오바마는 희망이 맹목적 낙관이 아니라 노력으로 변화가 가능하다는 것을 보여 줬다.

Daily Insight

마음을 얻는 리더가 진정한 리더입니다.
공감 능력이 리더십의 핵심입니다.

언제나 사람이 먼저다

Always put people first.

Build with people in mind, not just profit.
Every decision you make should protect trust, not break it.
When you put people first, loyalty follows.
Great products serve lives, not just markets.

◆

무엇을 만들든 수익보다 사람을 먼저 생각하세요.
모든 결정은 신뢰를 지키기 위한 것이어야 합니다.
사람을 우선시할 때 충성도가 따라옵니다.
훌륭한 제품은 시장보다 사람의 삶을 위한 것입니다.

얀 쿰

얀 쿰 Jan Koum
왓츠앱의 공동 창립자이자 사용자 중심 설계의 선구자다.

Daily Insight

사람이 중심이 되어야 모든 것이 제대로 돌아갑니다.
성과도, 혁신도, 신뢰도 사람에게서 시작됩니다.
기술보다 먼저 사람을 이해하세요.

의미 있는 흔적을 남겨라

Leave a meaningful mark.

Stay Hungry. Stay Foolish.
And I have always wished that for myself.
The only way to do great work is to love what you do.
If you haven't found it yet, keep looking.
And don't settle.

◆

항상 갈망하고, 항상 우직하게 나아가세요.
그리고 저는 항상 제 자신이 그렇게 되기를 바라 왔습니다.
위대한 일을 하는 유일한 방법은
당신이 하는 일을 사랑하는 것입니다.
아직 찾지 못했다면, 계속 찾으세요.
그리고 절대 타협하지 마세요.

스티브 잡스

스티브 잡스 Steve Jobs
애플의 공동창립자. 세계에서 가장 상징적인 제품을 탄생시킨 혁신가였다. 기술과 예술, 그리고 삶의 의미를 하나로 연결하는 도구를 만들고자 했다.

Daily Insight
현실에 안주하지 말고 우직하게 나아가라.

당신만의 원칙을 지켜라

Stick to your values.

Good leaders know what they believe, and uphold it.
Don't compromise your values for convenience.
Your beliefs help you stay strong when things get tough.

◆

좋은 리더는 자신이 믿는 것을 알고 그 믿음을 지킵니다.
상황을 편하게 만들기 위해 가치를 타협하지 마세요.
힘든 순간일수록 신념이 당신을 버티게 해 줍니다.

마이클 블룸버그

마이클 블룸버그 Michael Bloomberg
기업가이자 자선가. 전 뉴욕시장이다. 그의 경력은 중요한 가치를 끝까지 지키는 사람이 결국 존경받는다는 사실을 보여 준다.

Daily Insight

가치는 상황에 따라 흔들리지 않도록 단단한 신념으로 세워야 합니다.

말보다
가치를 만들어라

Build value, not noise.

Don't try to be loud; try to be useful.
True success comes from solving real problems.
Value is built quietly, not through hype.

◆

눈에 띄려 하기보다 실질적인 유익함을 지향하세요.
진정한 성공은 실질적인 문제를 해결하는 데서 옵니다.
가치는 떠들썩함이 아니라 조용한 실행으로 쌓입니다.

피터 틸

피터 틸 Peter Thiel
페이팔의 공동창립자이자 기술 투자자다.

Daily Insight

많이 말하는 것보다 조용히 쌓는 것이 더 강합니다.
성과는 소문이 아니라 실력으로 증명됩니다.

리더는
죽을 때까지 배운다

Leaders never stop learning.

The best leaders never believe they've arrived.
They keep learning, improving,
and challenging themselves.
Growth doesn't end with a title. It begins with it.
If you stop growing, you stop leading.

◆

최고의 리더는 자신이 완성됐다고 생각하지 않습니다.
그들은 계속해서 배우고, 발전하며, 스스로를 시험합니다.
성장은 직함에서 끝나는 게 아니라 그때부터 시작됩니다.
성장을 멈추면 리더십도 멈춥니다.

잭 웰치

잭 웰치 Jack Welch
GE의 전 CEO이자 세계적인 리더십과 성과의 아이콘.

Daily Insight

진짜 리더는 완성형이 아닙니다.
자리를 지키는 것이 아니라 계속 발전하는 사람입니다.
계속 배우는 리더가 팀도 성장시킵니다.

오늘 당신은
무엇을 남겼는가?

What's your daily impact?

Your presence leaves a mark every day, in every room.
Leadership isn't just in what you say,
it's in how you make people feel.
Each small act is a part of the legacy you build.
So lead as if someone is watching and learning from you.

◆

당신의 존재는 매일, 모든 자리에 흔적을 남깁니다.
리더십은 말로만 증명되는 게 아니라
사람들이 어떻게 느끼게 만드는지에 달려 있습니다.
작은 행동 하나하나가 당신의 리더십을 쌓아 갑니다.
누군가 당신을 보고 배우고 있는 것처럼 행동하세요.

앤절라 아렌츠

앤절라 아렌츠 Angela Ahrendts
버버리의 전 최고경영자. 평생 글로벌 대기업 경영자로 살아왔으나 코로나 팬데믹 이후 사회적 아픔에 대한 관심으로 세이브더칠드런 인터내셔널의 이사장이 되었다.

Daily Insight

당신의 말투, 반응, 배려는 누군가의 하루에 영향을 미칩니다.
보이지 않는 순간이 리더의 진짜 모습입니다.

DAY 100
당신이 존경하는 리더가 되어라

Become the leader you admire.

The leader you admire already exists inside you.
You have to choose to show up that way every day.
Lead with the same courage, kindness
you respect in others.
Be the role model you once wished you had.

◆

당신이 존경하는 리더의 모습은 이미 당신 안에 있습니다.
매일 그런 모습으로 살아가기로 선택하면 됩니다.
당신이 존경하는 이의 태도, 그의 용기와 친절을 가지고 이끄세요.
당신이 한때 필요했던 본보기가 되어 보세요.

미셸 오바마

미셸 오바마 Michelle Obama

미국의 전 퍼스트레이디이자 교육권과 사회적 형평성을 위해 목소리를 내 온 세계적 리더. 그녀의 여정은 리더십이란 직함이 아니라 태도로 완성된다는 사실을 일깨워 준다.

Daily Insight

좋은 리더는 멀리 있는 누군가가 아니라 내가 될 수 있는 모습입니다.
타인에게서 배운 가치를 내 삶에 녹여 보세요.

Questions for Moving Toward Success
성공을 향해 가는 질문

Q. At some point, we're all called to lead. What kind of leader do I want to become?

누구나 언젠가는 리더가 됩니다. 어떤 리더가 되고 싶나요?

・Value lasts - noise fades.
가치는 남고, 소음은 사라진다.

Q. We keep learning and growing. What new challenge am I ready to take on now?
배움과 성장은 계속됩니다. 지금 새롭게 도전하고 싶은 일은 무엇인가요?

Q. Now that I'm halfway through life's journey, what do I most need to hear from myself?
인생의 중반부를 지나고 있는 지금, 나에게 가장 해 주고 싶은 말은 무엇인가요?

에필로그

이제 당신의 문장을
써 보세요

100일의 여정을 완주하신 여러분, 진심으로 축하드립니다

매일 아침, 혹은 저녁, 15분씩 시간을 내어 정성스럽게 문장을 따라 쓴 당신의 노력에 경의를 표합니다. 쉽지 않은 여정이었을 것입니다. 피곤한 날도, 시간이 없는 날도, 의욕이 없는 날도 있었을 것입니다. 하지만 당신은 해냈습니다.

처음 펜을 든 날을 기억하나요? 제프 베이조스의 성공 철학 "Think big, start now(크게 꿈꾸고 지금 당장 시작하라)."를 어색하게 따라 쓰던 손끝이 기억나나요? 그리고 오늘 100번째 문장인 미셸 오바마의 철학 "Become the leader you admire(당신이 존경하는 리더가 되어라)."를 완성했습니다. 지금, 당신의 마인드셋은 얼마나 단단해졌나요?

당신은 이미 변했습니다

100일 전과 지금의 당신은 같은 사람이 아닙니다. Day 41 "Failure is just data(실패는 성공을 위한 데이터일 뿐이다)."를 쓰며 실패를 바라보는 관점이 바뀌었습니다. Day 73 "Work together, win together(팀워크는 따로 또 같이)."를 쓰면서 혼자가 아닌 함께의 가치를 깨달았습니다. 매일 15분씩, 당신은 100명의 멘토와 대화를 나눴습니다. 그들의 실패와 성공, 고민과 깨달음을 손끝으로 경험했습니다.

진짜 여정은 지금부터입니다

성공은 목적지가 아니라 과정입니다. 100일 동안 당신이 증명한 것처럼 작은 실천이 큰 변화를 만듭니다. 이제 필사는 끝났지만 배운 지혜를 실천하는 진짜 여정이 시작됩니다. 100개의 문장으로 당신만의 이야기를 써야 할 때입니다. 베이조스의 도전 정신, 잡스의 완벽주의, 버핏의 인내심, 오프라의 공감 능력……. 이 모든 것이 내면에서 스며들어 무엇으로 남았나요? 스스로에게 물어보세요.

"내가 이 세상에 남기고 싶은 한 문장은 무엇인가?"

당신이 10년 후 누군가의 멘토가 되었을 때 전하고 싶은 가장 중요한 메시지는 무엇입니까? 당신의 자녀가, 후배가, 동료가 인생의 기로에 섰을 때 건네고 싶은 나침반은 어떤 문장입니까?

101번째 문장을 찾아서

이제 당신 차례입니다. 지난 100일간 쌓아 온 통찰을 바탕으로, 당신만의 101번째 문장을 만들어 보세요. 그것은 단순한 문장이 아니라 인생의 철학이 되고, 매일 아침 거울 앞에서 되뇌는 주문이 되며, 힘든 순간 당신을 일으켜 세울 버팀목이 됩니다. 이렇게 써 볼 수 있습니다.

"실패를 두려워하지 말되, 배움을 놓치지 마라."
"혼자 빨리 가는 것보다 함께 멀리 가는 것을 택하라."
"오늘의 불편함이 내일의 성장이다."

당신의 문장은 무엇입니까? 100개의 지혜를 가슴에 품고 당신만의 101번째 문장을 세상에 새기세요. 누군가는 그 문장을 통해 용기를 얻고 영감을 받을 것입니다.

성공은 혼자 이루는 것이 아닙니다. 서로에게 멘토가 되면서 성장을 도울 수 있습니다. 이제 당신이 받은 것을 나누어 줄 차례입니다. 펜을 내려놓으세요. 그리고 당신의 문장을 살아 내세요.

당신의 성공 여정은 바로 지금, 이 순간부터 시작됩니다.

 의 101번째 문장

백선엽

자유로운 영혼과 넘치는 에너지로 세상을 누비는 커뮤니케이션 전문가. 미국에서 저널리즘과 커뮤니케이션을 공부하고, 한국에서 언론학 교수와 작가로 활동했다. 《소통한다는 것》, 《영어회화 핵심패턴 233》 등 누적 200만 부 이상 판매된 저서를 집필하며 소통의 힘을 대중과 나누어 왔다. 현재는 인도 뉴델리에서 현지 초등학교를 무상으로 운영하고, 태국 방콕 타마삿 대학교(Thammasat University)에서 커뮤니케이션학을 가르치며 교육과 나눔을 실천하고 있다. 국경을 넘어 소통과 교육의 가치를 전하며, 따뜻한 열정으로 세상에 긍정적인 변화를 만들어 간다.

성공하는 습관을 만들어 주는
하루 15분 영어 필사

초판 1쇄 발행 2025년 10월 31일
초판 2쇄 발행 2025년 11월 24일

지은이 백선엽
펴낸이 민혜영
펴낸곳 오아시스
주소 서울특별시 마포구 월드컵로14길 56, 3~5층
전화 02-303-5580 | **팩스** 02-2179-8768
홈페이지 www.cassiopeiabook.com | **전자우편** editor@cassiopeiabook.com
출판등록 2012년 12월 27일 제2014-000277호

ⓒ백선엽, 2025
ISBN 979-11-6827-354-2 03740

이 책은 저작권법에 따라 보호받는 저작물이므로 무단 전재와 무단 복제를 금지하며, 이 책의 전부 또는 일부를 이용하려면 반드시 저작권자와 (주)카시오페아 출판사의 서면 동의를 받아야 합니다.

- 오아시스는 (주)카시오페아 출판사의 인문교양 브랜드입니다.
- 잘못된 책은 구입하신 곳에서 바꿔 드립니다.
- 책값은 뒤표지에 있습니다.